공소시효

법 위에 사는 사람들

공소시효

| 公 訴 時 效 |

강해인 지음

모아북스
MOABOOKS

갑질사회

적폐 청산　　대응방안

권력　**권력구조**　정의실현

공소시효　**특혜**　관행

적폐세력　뿌리뽑기

박근혜 이명박 전직 대통령

공수처 신설　**정의**　최순실

뇌물수수　**전두환**　땅콩회항

물컵갑질 법치주의

이 책을 읽으면, 당신은
국민의 한 사람으로서
국민이 가진 의무와 권리를
정의의 눈으로 바로 볼 수 있습니다.

왜 특권층에게 혈세를 빼앗기고도 눈 감았는지,
왜 일부 권력층에게 국민의 세금이 쓰였는지,
어떻게 당해왔는지를 정확히 알게 됩니다.

이제는 더 이상 알고도 속아주는 적폐의 시대는
없어야 합니다.

불법이 무엇인지, 어떠한 목소리를 높여야 하는지,
국민의 힘으로 무엇을 개혁할 수 있는지,
대한민국 국민으로서 정정당당히
이야기할 수 있어야 합니다.

특권과 반칙에 가려진 공소시효

공소시효란 무엇인가?

공소시효公訴時效: 어떤 범죄사건이 일정한 기간의 경과로 형벌권이 소멸하는 제도. 형사시효의 하나다. 공소시효가 완성되면, 실체법상 형벌권이 소멸되므로 검사는 공소를 제기할 수 없게 되고, 만약 공소제기 후에 이러한 사실이 발견된 때에는 실체적 소송조건의 흠결欠缺을 이유로 면소免訴 판결을 하게 된다형사소송법 326조. 2007년 12월 21일 개정으로 공소시효가 변경되었지만, 이 법 시행 전에 범한 죄에 대하여는 종전의 규정을 적용한다.

공소시효 기간은 범죄의 경중에 따라 차이가 있는데,
① 사형에 해당하는 범죄는 25년,
② 무기징역 또는 무기금고에 해당하는 범죄는 15년,
③ 장기 10년 이상의 징역 또는 금고에 해당하는 범죄는 10년,
④ 장기 10년 미만의 징역 또는 금고에 해당하는 범죄는 7년,
⑤ 장기 5년 미만의 징역 또는 금고, 장기 10년 이상의 자격정지

또는 벌금에 해당하는 범죄는 5년,

⑥ 장기 5년 이상의 자격정지에 해당하는 범죄는 3년,

⑦ 장기 5년 미만의 자격정지, 구류·과료 또는 몰수에 해당하는 범죄는 1년으로 되어 있다.

공소가 제기된 범죄라고 하더라도 판결의 확정이 없이 공소를 제기한 때로부터 25년을 경과하면 공소시효가 완성된 것으로 간주한다 249조.

2개 이상의 형을 병과하거나 2개 이상의 형에서 그 1개를 과할 범죄에는 중한 형을, 또 형법에 의하여 형을 가중·감경할 경우에는 가중·감경하지 않은 형을 기준으로 각각 시효기간을 정한다 250~251조.

그러나 사람을 살해한 범죄범죄를 도운 종범은 제외나253조의 2 13세 미만의 사람 및 신체적인 또는 정신적인 장애가 있는 사람에 대하여 형법에서 정한 강간, 강제추행, 준강간, 준강제추행, 강간에 준하는 상해, 살인의 죄를 범한 경우에는 공소시효를 적용하지 않는다. 성폭력범죄의 처벌 등에 관한 특례법 제21조

조세범죄 공소시효, 얼마일까?

공소시효의 사전적 의미는 '일정한 기간의 경과로 형벌권이 소멸하는 제도' 이다.

범죄에는 일반적인 범죄가 있고 조세범죄가 있는데 그렇다면 탈세범에게 적용되는 공소시효는 몇 년일까? 일반 범죄와 비교한 공소시효는 다음과 같다.

[범죄자들에게 적용되는 공소시효]

① 사형에 해당하는 범죄 : 25년

② 무기징역 또는 무기금고에 해당하는 범죄 : 15년

③ 장기 10년 이상의 징역 또는 금고에 해당하는 범죄 : 10년

④ 장기 10년 미만의 징역 또는 금고에 해당하는 범죄 : 7년

⑤ 장기 5년 미만의 징역 또는 금고, 장기 10년 이상의 자격정지 또는 벌금에 해당하는 범죄 : 5년

⑥ 장기 5년 이상의 자격정지에 해당하는 범죄 : 3년

⑦ 장기 5년 미만의 자격정지, 구류 · 과료 또는 몰수에 해당하는 범죄 : 1년

공소가 제기된 범죄라고 하더라도 판결의 확정이 없이 공소를 제기한 때로부터 25년이 경과하면 공소시효가 완성된 것으로 간주한다 249조.

[세금 탈세범에게 적용되는 공소시효]

세법에서는 일정한 기간 안에서만 세금을 부과할 수 있도록 하고, 그 기간이 지나면 세금을 부과할 수 없도록 하고 있다. 이를 '국세 부과의 제척기간' 이라고 하며 다음과 같다.

1. 일반적인 경우

1) 상속세 및 증여세
(1) 납세자가 사기 그 밖에 부정한 행위로 포탈하거나, 무신고 · 허위신고 · 누락신고 시 : 15년
(2) 위 이외의 경우 : 10년

2) 상속세 및 증여세 이외
(1) 사기 및 기타부정행위 시 : 10년
(2) 무신고 : 7년
(3) 위 이외의 경우 : 5년

⑷ 부정한 행위로 포탈하거나 환급 · 공제받은 국세가 법인세인
  경우 : 10년
⑸ 납세자가 부정한 행위로 가산세 부가대상에 해당 시 : 10년

2. 특수한 경우

1) 고액의 상속 및 증여재산
: 납세자가 사기, 기타 부정한 행위로 상속 및 증여세를 포탈하
는 경우로 다음 중 어느 하나에 해당되는 경우는 당해 재산의 상
속 또는 증여가 있음을 과세관청이 안 날로부터 1년 이내에 상
속 및 증여세를 부과할 수 있다. 다만, 상속인이나 증여자 및 수
증자가 사망한 경우와 포탈세액 산출 기준이 되는 재산가액이
50억 원 이하인 경우에는 '1. 일반적인 경우' 를 적용한다.

⑴ 제3자 명의로 되어 있는 피상속인 또는 증여자의 재산을
  상속인 또는 수증자가 보유하고 있거나 자신의 명의로 실명
  전환한 경우
⑵ 계약에 의하여 피상속인이 취득할 재산이 계약 이행 기간
  중에 상속이 개시됨으로써 등기 · 등록 또는 명의개사가
  이루어지지 아니하여 상속인이 취득한 경우
⑶ 등기 · 등록 또는 명의개사가 요구되지 아니하는 유가증권 ·

서화 · 골동품 등 상속재산 또는 증여재산을 상속인이나 수증자가 취득한 경우

(4) 수증자의 명으로 되어 있는 증여자의 [금융실명거래 및 비밀보장에 관한 법률] 제2조 제2호에 따른 금융재산을 수증자가 보유하고 있거나 사용 · 수익한 경우

2) 조세쟁송에 해당되는 경우

: 조세쟁송인 이의신청 · 심사청구 · 심판청구 · 감사원법에 의한 심사청구나 행정소송법에 의한 소송을 제기한 경우에는 일반적인 제척기간이 경과했더라도 그 결정 또는 판결이 확정된 날로부터 1년이 경과하기 전까지는 당해 결정 또는 판결에 따라 결정을 하거나 기타 필요한 처분을 할 수 있다.

3) 5년을 초과하여 이월결손금 공제를 받은 경우

: 해당 결손금이 발생한 과세기간의 소득세 또는 법인세는 이월결손금을 공제한 과세기간의 법정 신고기한으로부터 1년.

| 공감하며 추천합니다 |

국민이 가진 의무와 권리의 본질을 새삼스럽게 곱씹게 하는 책이다.
—**류화선** 경인여자대학교 총장

그동안 우리가 무엇을 알았는지, 무엇을 몰랐는지, 왜 알고도 속았는지
명확히 보여준다.
—**박기춘** 전 민주당 원내대표, 사무총장(3선)

탈세와 체납이 결국 적폐의 시작임을 이토록 처절하게 보여주는 책은
드물다.
—**박영순** 전 구리시장

적폐 청산의 원인과 현실을 분석하고 구체적인 솔루션을 제시하는
이 책은 전 국민 필독서다.
—**박 정** 더불어민주당 국회의원

공정한 세상을 바라고 꿈꾸는 시민의 염원이 강렬하게 압축된 책이다.
—**박황보** 전 중부국세청 남인천세무서장

권력과 돈을 가진 모든 이들이 편법과 불법을 포기할 때까지 이 책은
읽히고 또 읽혀야 한다.
—**백청수** 전 시흥시장

잘못된 것은 지적해야 하고, 파헤쳐야 하며, 대가를 치루어야 한다는
것을 강조하는 책이다.
—**송해숙** 유원대학교 보건행정학과 교수

'끝까지 추적하여 반드시 징수한다' 가 38기동대만의 강령을 넘어 시민의
목소리임을 역설한다.
—**안동선** 전 국회상공자원위원장(4선)

이 책은 정의 실현에 대한 희망과 방법론을 말한다.
할 수 있다는 확신이 든다.
—**이민우** 경기신용보증재단 이사장

행동하는 시민을 위한 최고의 자극제.
—**이범관** 전 서울지검장

적폐의 연결고리를 끊어내는 키워드가 조세범죄에 대한 공소시효의
개혁임을 절절히 호소한다.
—**이성근** 전 대한민국미술대전 심사위원장(화가)

부당거래가 횡행하는 사회를 풀어내기 위한 안목과 고심이 담긴 책.
저자의 다음 책이 기대된다.
—**이인선** 대구경북경제자유구역 청장

우리나라의 모든 불법 근절의 해결 방안을 명확하게 보여준다.
—**임창열** 전 경제부총리, 경기도지사

공감하며 추천합니다

25년 베테랑 기자의 눈이 대한민국의 부끄러운 지점을 적나라하게
들춰낸다.
　—전상직 한국주민자치중앙회장

더러운 곳을 찾아내어 깨끗하게 닦아내자.
어디서 어떻게 시작해야 할지 알려주는 책.
　—전인범 전 특전사령관

우리는 정말 우리 사회의 본모습을 모르고 살았다.
망원경과 현미경으로 번갈아 보여주는 책.
　—정규성 한국기자협회 회장

병이 나으려면 아픈 곳을 도려내야 한다.
적폐 청산을 위한 날카롭고 단호한 메스다.
　—정일형 경기일보 편집국장

정의롭고 공정하며 원칙과 절차가 존중되는 세상.
이 책을 통해 독자들도 그런 세상을 꿈꾸기를 바란다.
　—조병돈 전 이천시장

외면해서는 진실을 볼 수 없다.
이 책은 우리 사회를 그대로 보여주는 거울 같은 책이다.
　—최대호 안양시장

1장 • 법 위에 있는 그들은 누구?
국가 예산 낭비의 실상

4장 • 결론은 무엇인가?

근본적인 해결의 핵심은 공소시효다

왜 이 책을 썼나?

필자는 지난 2014년 출간된 《권력의 거짓말》을 집필하며 정치인들의 권력 구조를 파헤쳤습니다. 민주주의 국가에서 권력이란 무엇인지, 한국의 정치권력은 어떻게 흘러왔는지를 기자의 시선으로 살펴보고 집필한 책으로, 그동안 국내 · 외 정치계에서 벌어진 대표적인 사건들을 통해 여전히 부당한 권력이 건재하고 있는 현실을 고발하는 분석서로 많은 관심을 받았습니다. 국회와 청와대 출입 기자로서 오랜 세월 동안 목격한 권력자들의 거짓말과 권력 구조의 역사는 우리나라의 적폐의 역사와도 같았습니다.

그 후 대한민국에는 놀라운 일이 벌어졌습니다. 국민 한 사람 한 사람의 힘으로 촛불 정국에 의해 뿌리 깊은 국정농단을 고발하고 평화적인 방법으로 정권을 교체한 사건은 전 세계인의 이목이 집중될 정도로 역사적인 일이었습니다.

이후 문재인 정부가 출현하면서, 박근혜 정부는 물론이고 그 전 정권이었던 이명박 정부 당시부터 자원 외교를 비롯한 온갖 허울 좋은 정책 하에 국민의 혈세가 무분별하게 낭비되었다는 사실이 속속 드러났습니다. 이에 국민은 최순실 일가와 박근혜 정부의 국정농단 이전부터 오랜 세월 동안 존재했던 적폐청산의 꼼수에 대해 강한 분노를 느낄 수밖에 없었습니다.

이에 필자는 대한민국 현대사에서 수십 년 동안 뿌리 뽑히지 않고 이어져 내려온 적폐의 역사를 이 시점에서 다시 점검하고, 지금도 진행형인 정치권의 도덕적 해이와 각종 불법, 편법의 현실에 대해 짚고 넘어가야 할 시기가 왔음을 절감했습니다. 아울러 이러한 적폐가 다음 세대에서 되풀이되지 않도록 제도적 보완장치를 반드시 마련해야 한다는 시대적 요구에 눈떠야 함을 깨달았습니다.

국민을 우롱하는 이들, 반드시 엄벌해야 한다

우리 사회의 해묵은 적폐는 국민의 가장 기본적 의무인 납세에서부터 적나라하게 드러나고 있습니다. 평범한 우리나라 국민의 절대다수는 성실하게 세금을 납세하고 있습니다. 이 비율은 전 세계 국가들과 비교해도 매우 높은 편이라고 알려져 있습니다.

그럼에도 불구하고 소수의 부유층과 권력층이 어마어마한 액수의 세금을 장기간 내지 않고 법망을 빠져나가 국가에 손해를 끼치고 개인의 사리사욕을 대대로 채우고 있는 것이 현실입니다.

이들이 범법행위를 위해 노리는 허점과 틈새의 중심에 있는 것이 바로 조세법상의 '공소시효' 라고 할 수 있습니다. 복잡하고 모순적인 공소시효를 이용해 자신이 가진 부와 권력에 대한 사회적 책임을 제대로 지지 않고, 그 결과 열심히 피땀 흘려 살아가는 선량한 국민을 우롱하고 있습니다.

묵인되는 편법 제거하고 법적 규제 강화해야 한다

일부 부유층과 고위층이 세금 탈세를 위해 수단과 방법을 가리지 않는다는 것을 이제는 국민 누구나 잘 알고 있을 것입니다.

수천만에서 수십억 원에 이르는 세금은 몇 년째 내지 않으면서 호화로운 고급주택에 살고 해외여행과 명품 쇼핑을 즐기며 사는 탈세자들의 대부분이, 서류상에는 재산이 없는 것으로 나오거나 교묘하게 명의를 바꿔 재산을 숨기는 경우가 허다합니다. 허위로 기업을 부도내거나 위장 이혼을 하고, 고액의 현금 다발이나 골드바를 깊이 숨기고 철통같은 경비를 세워 외부인을 차단합니다. 세금 징수 조사관들은 때로는 경찰을 대동해 현관문을 따고 들어가 체납인의 격렬한 저항에 맞서며 뚫고 수색을 해야 하기도 합니다.

이들의 탈세 범죄가 가능한 사회구조적인 원인 중에는 '시간을 적당히 잘 끌기만 하면' 세금을 내지 않아도 되는 공소시효 관련 제도의 허점이 큰 비중을 차지한다고 해도 과언이 아닐 것입니다.

한 사회의 법과 제도에는 반드시 빈틈과 허점이 있게 마련이며, 각 분야의 범죄가 발달하거나 범죄인이 법망을 빠져나갈 수 있는 이유는 이 빈틈을 교묘하게 악용할 수 있는 여지가 있기 때문입니다.

이때 사회적인 책무를 다해야 할 지도층, 고위층, 권력층, 부유층이 자신의 책임을 합법적으로 지지 않고도 부를 축적할 수 있게 되고 나아가 이를 대대로 세습시킬 수 있게 됩니다. 이것이 우리 사회의 오랜 적폐를 만들고 이 적폐를 공고히 만들어줍니다.

공소시효법을 바꾸자

이 책은 한국 사회의 정의 구현을 방해하고 부정부패와 적폐를 청산하지 못하게끔 가로막는 사회구조적인 모순이 분명히 존재하며, 모순의 중심에는 바로 조세법상의 공소시효가 매우 큰 역할을 하고 있음을 주목한 데서 출발했습니다. 이를 이야기하기 위해 다음과 같은 내용으로 구성했습니다.

1장에서는 모순된 법제도 이전에 어떤 일들이 일어났는지를 짚어봅니다.

국민의 소중한 혈세가 어떻게 낭비되고 어떻게 '눈먼 돈'으로 둔갑했는지를 알아보려면 제일 먼저 이명박 정부와 박근혜 정부 시절 예산 낭비의 실상이 어떠했는지를 살펴보지 않을 수 없습니다. 대한민국 역사에서 적폐는 오래전부터 뿌리내려 왔으나, 현재 우리 국민에게 직접적인 피해를 주고 있는 것은 바로 이전 정부에서 혈세를 엉뚱한 곳에 쏟아붓고, 그 과정에서 정경 유착 세력이 제도상의 허점을 악용해 사리사욕을 취했던 데 있기 때문입니다.

2장에서는 대한민국 국민을 분노하게 만드는 이슈의 중심에 이 사회의 공정성 결여가 있으며, 정의를 실현하기 위한 노력이 지속되어야 하는 이유를 살펴봅니다.

왜 우리 국민은 분노로 가득해졌을까요?

그 분노의 원인은 과연 어디에 있을까요?

성숙한 민주주의 사회에서 반드시 추구하고 구현해야 할 공정성이란 과연 무엇일까요?

우리는 과연 정의롭고 공정한 사회에서 살고 있을까요?

그렇지 못하다는 데 대해 대다수 국민이 동의하고 있습니다. 사회 양극화는 날이 갈수록 극심해지고, 이제 기성세대는 물론이고 미래를 책임질 새로운 세대들조차 '노력해도 아무 소용없다' 는 현실 앞에 희망을 갖지 못하고 있습니다. 그렇다면 부와 기회의 공정함을 가로막는 방해물은 무엇일까요?

3장에서는 우리 사회의 공정성 구현을 가능케 하는 사회적 신뢰를 획득하기 위해 무엇을 해야 하는지, 그리고 국민의 분노에 대한 대안은 무엇인지를 알아봅니다.

한 사회가 건강하고 발전적인 사회가 되기 위해 사회적 신뢰는 필수적일 것입니다. 신뢰가 결여된 사회에서는 부정부패가 활성화되고, 권력과 부를 가진 자만이 이를 계속해서 독식하는 상태가 지속됩니다. 사회지도층이 사회적 책임을 다하지 않는 사회에서 계층 간 신뢰는 무너지고 말 것입니다.

신뢰를 상실한 권력층이 국정농단을 야기했고 이것이 얼마나 끔찍한 사태들의 원인이 되었는지를 우리 국민은 아프게 경험했습니다. 따라서 오래된 잘못된 관행으로 나타나는 이 사회의 온갖 적폐를 청산해야 한다는 목소리가 그 어느 때보다도 높아졌습니다. 적폐 청산의 가장 중요한 대상은 다름 아닌 정치와 경제 분야입니다.

4장에서는 적폐 청산의 주된 대상인 정치인과 경제인의 탈세 범죄 행각들을 통해, 지금 가장 먼저 해결하고 개선해야 할 제도적 허점인 공소시효의 현실을 생생하게 살펴봅니다. 나아가 무엇을 어떤 방법으로 해결해 어떤 결론에 이르러야 하는지를 알아봅니다.

평범한 서민은 상상할 수도 없는 고액의 세금을 내지 않고도 호화롭게 사는 소위 '세금도둑들'은 적폐의 주범이자 핵심입니다. 이들의 교묘한 범죄행위를 가능케 하는 결정적인 틈새가 바로 공소시효법에 있음은 자명한 사실입니다.

따라서 각 분야 전문가들은 세금과 관련된 공소시효법이 대폭 수정되어야 함을 오래전부터 지적해왔습니다. 악질적인 탈세 범죄를 계속 저지르고도 처벌받지 않고 있는 정치인과 재벌 기업가의 미납 세금은 다음 세대까지 끝까지 추징되어야 하며, 공소시효가 이들의 핑계가 되어서는 안 될 것입니다.

평범한 서민들의 노력이 정당하게 인정받고 보상받을 수 있는 공정사회로 나아가기 위해 조세법상의 공소시효 관련법 개정은 반드시 선행되어야 합니다.

아무쪼록 이 책을 통해 우리 사회의 모순과 현주소를 정확하게 되돌아보고, 오랜 적폐를 청산하여 공정사회의 초석을 마련할 수 있는 계기가 되기를 바랍니다.

강해인

1장

법 위에 있는 그들은 누구?

: 국가 예산 낭비의 실상

01

억대 장기 체납자만
1만1,000여 명

내야 할 세금을 내지 않는 사람들

2019년 2월 3일 〈뉴스1〉 보도에 따르면 수억대 세금을 5년 이상 납부하지 않은 장기 체납자가 1만1,000명에 달하는 것으로 나타났습니다. 전직 기업 총수 등 사회지도층이 장기 체납자 명단에 이름을 올렸습니다. 장기 체납자들이 납부하지 않은 세금이 수십조 원대에 달하지만 수년째 회수되지 않아 국고 손실 규모도 상당했습니다.

2019년 2월 3일 국세청에 따르면 고액 상습 체납자 명단에 오른 지 5년 이상 된 개인·법인 체납자는 1만1,051명으로 집계되었습니다. 개인은 6,881명이었으며, 법인의 경우 4,170곳이 장기 체납자로 기록되었습니다.

이들은 2004년 국세청이 고액 상습 체납자 명단을 공개한 뒤 최소 5년 이상 2014년 이전 미납세금을 납부하지 않은 장기 체납자들입니다. 이 중에는 2009년 고액 상습 체납자 명단에 이름이 오른 뒤 10년 이상 된 초장기 체납자도 1,832명에 달했습니다.

고액 상습 체납자가 체납액의 30% 이상 납부할 경우 명단에서 제외되는 것을 감안하면 이들 장기 체납자의 경우 체납액의 3분의 1도 납부하지 않은 셈입니다. 국세청의 고액 상습 체납자 명단에는 2억 원 이상의 국세를 1년 이상 체납한 경우 이름이 오르게 됩니다.

납부하지 않은 세금만 25조 원

특히 이들 장기 체납자가 납부하지 않은 세금은 25조4,247억 원에 달했습니다. 개인이 14조8,486억 원을 체납했으며, 법인 체납액은 10조5,762억 원으로 조사되었습니다.

이는 4대강 정비사업에 투입된 사업비 22조2,300억 원보다 3조 원 이상 많은 금액이며, 최근 예비타당성조사 예타를 면제받은 개발프로젝트의 사업비 총액 24조1,000억 원을 훌쩍 뛰어넘는 규모입니다. 장기 체납자들이 납부하지 않은 세금만 제대로 걷혔어도 대규모 토건사업 23개를 추진하고도 남는 셈입니다. 개인 1인당 평균 체납액은 21억5,800만 원이었으며, 법인 1개당 평균 체납액은 25억4,900만 원으로 조사되었습니다.

장기 체납자 중에는 최순영 전 신동아그룹 회장67, 조동만 전 한솔 부회장60, 김우중 전 대우 회장81 등 유명 기업인들도 포함되었습니다. 이들은 수백억 원대 세금을 체납해 수년째 체납자 명단에 올라 있습니다.

이 외 최순영 전 신동아그룹회장은 종합소득세 등 1,073억 원을 체납해 2004년부터 체납자 명단에 이름을 올렸으며, 조동만 전 한솔 부회장도 양도세 등 714억 원을 체납해 2013년부터 명단에 이름이 올랐습니다. 김우중 전 대우그룹회장은 지난해 양도세 등 368억 원 체납으로 명단에 포함되었습니다.

역대 체납자 중 최고액 체납왕은 2,225억2,700만 원을 체납한 정태수 전 한보그룹 회장[84]인 것으로 나타났습니다. 정 전 회장은 1992년 증여세 등 총 73건의 국세를 체납해 2004년 체납자 명단에 오른 뒤 현재까지 고액 상습 체납자 명단에 이름이 남아 있습니다.

명단 공개 이상의 징수 방안 나와야 한다

문제는 이들 장기 체납자의 경우 사업부도 등으로 실질적으로 체납 세금을 납부할 여력이 안 돼 국고 손실을 초래하고 있다는 점입니다. 또 장기 체납자의 경우 수년째 이름이 공개되었지만 사실상 세금 납부가 불가능해 제도의 실효성도 문제로 지적됩니다.

김정우 더불어민주당 의원은 이에 지난해 국정감사에서 "명단 공개만으로 고액·상습체납자의 징수 실적 개선을 기대하기 힘들다"며"국세청이 나서 고액·상습체납자의 징수율을 높일 수 있는 효과적인 방안을 강구해야 한다"고 지적했습니다.

02

公 | 訴 | 時 | 效

'눈먼 돈'의
실체

피 같은 세금을 성실하게 납부했지만…

대한민국 국민은 누구나 '피 같은' 세금을 내며 살고 있습니다. 오죽하면 세금을 가리켜 혈세血稅라는 말을 쓸 정도입니다.

국민이 누구나 납세의 의무를 지키는 이유는, 자신이 낸 세금이 결국 자신에게 돌아와 국가 살림을 나아지게 하고 더 좋은 방향으로 발전할 수 있게 해줄 것이라고 믿기 때문입니다. 그것이 국민과 국가의 기본적인 약속입니다.

문제는 국민의 피 같은 세금이 제도와 시스템상의 허점으로 인해 줄줄 새거나 '눈먼 돈'으로 쓰여 왔다는 사실입니다.

대체 왜 국민이 피땀 흘려 번 돈이 엉뚱한 일에 쓰여야 할까요?

수천억 원, 수조 원에 이르는 돈이 엉뚱한 곳에 낭비되는 데도 왜 정작 국민은 그들이 약속한 혜택을 받지 못하는 경우가 많았을까요?

왜 누군가는 제도의 허점을 이용해 국민의 돈을 자기 것으로 가로채 숨겨놓고 자손 대대로 부와 권력을 누리며 살 수 있을까요?

그러한 불법과 편법을 가능하게 하는 제도상의 허점은 과연 무엇일까요?

무엇이 적폐를 만들었는가?

박근혜 정부 당시 예산의 투명성은 전혀 지켜지지 않았고,

눈속임 식의 예산 편성과 소비가 이루어졌다는 것이 나중에야 밝혀졌습니다. 물론 이러한 눈속임은 당시 대통령을 포함해 국정농단을 주도한 자들이 저지른 것이었습니다.

실제로 박근혜 정부 시절인 2014년 국정감사에서는 이해할 수 없는 예산 편성 내용이 많아 이슈가 된 바 있습니다. 당시 청와대가 8,000만 원 상당의 필라테스 기구를 구입했으나 이 것이 정작 2014년 예산 편성에는 없는 내용이었던 점, 그밖에도 명품 가전이나 고가의 의자, 사진기 등 국정운영과 상관없어 보이는 물품 구입에 예산을 쓰고 있었다는 점 등이 문제시되었습니다.

정치인의 역할은 국민이 낸 세금을 최대한 활용해 국민 전체의 삶을 개선하는 일을 하는 것입니다. 국회의원, 정부 인사, 공무원의 가장 기본적인 의무는 바로 여기에 있습니다. 또한 국가와 국민이 합의한 제도와 법은 엄격한 원칙과 투명한 절차에 따라 한 치의 오차도 없이 관리되어야만 합니다.

그럼에도 불구하고 정치인과 고위 공무원 중에는 법의 허점과 빈틈을 악용해 세금을 착취하는 사례가 일일이 꼽을 수 없을 정도로 많았습니다. 철저하게 관리되어야 할 국민 세금이 개개인의 이익과 사리사욕을 위해 악용되는 경우가 허다했습니다.

정치권력과 재벌 기업의 정경 유착과 거기에서 파생되는 온갖 불법과 악행은 우리나라 현대사의 적폐의 역사를 만들어왔던 것입니다.

최악의 혈세 낭비 사업

대표적인 혈세 낭비 사업으로 꼽히는 것은 이명박 정부 시절의 4대강 사업일 것입니다.

이명박 전 대통령은 당시 4대강_{한강, 낙동강, 금강, 영산강} 사업을 국가 핵심 사업으로 추진하면서, 수질 개선과 가뭄 및 홍수 예방 등을 보장한다며 22조2,000억 원이라는 천문학적인 비용을 들여 대대적인 공사를 감행했지만, 그 결과가 어떤지는 이제 온 국민이 알게 되었습니다.

감사원은 4대강 사업에 대해 2018년까지 네 번에 걸쳐 감사를 실시했습니다.

　4대강 사업이 진행 중이던 2010년 1월에 시작해 2011년 1월에 발표된 1차 감사에서는 '사업 추진 과정에서 법적 절차를 제대로 이행하지 않았다'는 논란에 대해 '특별한 문제점이 발견되지 않았다'는 감사 결과를 내놓았습니다. 또한 감사원은 '공사비 낭비와 무리한 공기 단축 외에 전반적으로는 홍수 예방과 가뭄 극복 등에 4대강 사업이 도움이 될 것'이라는 긍정적 평가도 내놓았지요.

　그러나 문재인 정부가 들어선 뒤인 2017년 5월에 시작해 2018년 7월에 발표한 4차 감사 내용에 의하면, 감사원은 '이명박 전 대통령이 4대강 사업의 설계 단계부터 국토교통부, 환경부 등 주무 부처에 실증적인 검토 자료 등을 제시하지 않은 채 각종 세부사항_{강 최저수심, 조기 착공 및 완공, 환경영향평가 기간 단축}_등을 일방적으로 지시한 것으로 확인했다'고 발표했습니다.

　4대강 사업의 경제성을 분석한 결과 50년간 총 비용은 31조 원인 반면 총편익은 6조6,000억 원에 그칠 것으로 추정했습니다. 어떤 사업이 경제성이 있으려면 비용 대비 편익 비율 B/C이 1.0을 넘어야 합니다.

그러나 4대강 사업은 이 비율이 0.21에 불과했습니다. 그래서 4대강 사업은 경제성이 부족한 사업이라는 지적을 받을 수밖에 없었습니다.

03

公 | 訴 | 時 | 效

속속 드러난
정부 예산 낭비 실상

혈세만 낭비한 허울 좋은 국가사업

MB 정부에서 22조 원의 혈세를 쏟아 부으면서 4대강 사업을 추진할 수 있었던 배경에는 정치적 실세를 둘러싼 주변 인맥의 소위 '카르텔'이 있었습니다. 일부 건설업체들이 실세 정치인에게 기부금 명목으로 거액의 정치후원금을 제공했던 사실도 나중에야 밝혀졌습니다.

결국 모든 혈세 낭비의 핵심에는 기업인과 정치인 간의 강력한 연결고리가 존재합니다. 이는 다음 정권인 박근혜 정부에서 희대의 국정농단 사태로 이어졌습니다.

이명박 정부 시절에는 결과적으로 혈세를 낭비한 것에 불과한 허울 좋은 사업들이 유난히 많았습니다.

4대강 사업 못지않게 성과가 부실했던 사업은 경인 아라뱃길 사업이었습니다. 이 사업에 들어간 세금은 2조2,500억 원이었습니다. MB 정부에서 이 사업을 시작할 때 내세운 것은 운하를 통해 화물을 운송할 수 있고 관광사업도 할 수 있으리라는 것이었습니다. 그러나 실제로 운하를 통한 운송은 제대로 이루어지지 않았고 관광사업도 찾는 이 없이 실패로 돌아갔습니다. 국민의 세금을 쏟아붓고 공사로 인해 환경까지 파괴하고도 애초 내세웠던 성과는 조금도 이루어지지 않았던 셈입니다.

1,000억 원의 세금을 쏟아 부은 결과는?

2008년부터 이명박 전 대통령 부인 김윤옥 여사에 의해 추진된 한식 세계화 사업도 대표적인 세금 낭비 사업으로 꼽힙니다.

2008년부터 추진되어 2009년부터 2012년까지 한식 세계화 프로젝트에 투입된 세금은 757억 원에 달합니다. 그 뒤를 이은 박근혜 정부 때도 이 사업에 192억 원의 예산이 편성되었습니다. 즉 이명박~박근혜 정부 당시 총 1,000억 원에 달하는 예산이 이 사업에 투입되었던 것입니다.

그러나 그 결과는 들어간 예산에 비해 너무나 초라했습니다. 연구 면에서나, 홍보의 수준면에서나, 실적 면에서나, 그리고 외국인의 인식 면에서나 '한식을 세계화하는' 뚜렷한 성과는 내지 못했던 것입니다. 이 과정에서 소위 국가사업에 쏟아 부은 세금 1,000억 원이 정확히 어디에 어떤 용도로 쓰였는지 과정과 절차도 투명하지 않고 애매모호했다는 것이 문제로 지적되었습니다.

당시 정부의 예산 낭비 실상은 더 있습니다. 민간 자본을 유치해 만드는 민자 도로가 또 하나의 대표적인 예로 꼽힙니다.

이명박 정부 시절 민자 도로에 들어간 세금은 2010년부터 5

년간 3조6,000억 원에 달했습니다. 정부지원금이라는 명목 하에 본질적으로 국민 세금이 들어간 사업이었습니다. 그러 나 정작 이 도로를 이용하는 국민은 비싼 통행료를 내야 하고 사업자들만 이익을 얻는다는 점에서 예전부터 비판이 많았던 사업이었습니다. 그러나 이후 박근혜 정부 시절인 2015년에 도 새로운 민자 도로 10개를 건설하는 데 혈세가 투입된 것이 드러났습니다.

혈세 낭비의 핵심은 정경 유착의 고리

MB 정부가 주된 공적으로 내세웠던 자원 외교도 마찬가지입 니다. 당시 많은 국내 공기업이 해외자원 개발에 무분별하게 투자를 아끼지 않았습니다. 공기업인 석유공사의 경우 이명박 정부 시절 10조 원의 자금을 해외자원 개발에 투자했고, 거액 의 돈을 들여 외국의 망해가는 석유업체를 인수했지만 결과적 으로 적자만 낳고 헐값에 처분하게 되었습니다. 28조 원의 혈 세를 쏟아부은 자원 외교는 결과적으로 실패로 돌아갔습니다.

결국 이명박 정부의 해외자원 개발 투자는 국민 세금을 가지고 다른 나라의 좋은 일만 시킨 셈이 되었습니다. 여기에는 MB 정부와 정경 유착의 고리로 얽힌 인맥이 결정적인 역할을 했음은 물론입니다.

결과적으로 당시 자원 외교와 4대강 사업 등에 천문학적인 금액의 국민 세금이 들어갔지만 그 실상을 살펴보면 빛 좋은 개살구 같은 사업이었고, 그 핵심에는 정경 유착의 끈끈한 고리가 있었음이 나중에 밝혀진 것입니다. 개인의 이익을 챙기기 위해 정치권 인맥과 기업들이 유착을 맺은 결과, 피 같은 국민 세금만 엉뚱한 곳에서 낭비되었습니다.

그럼에도 불구하고 석유공사와 광물자원공사 등 MB 정권 당시 자원 외교 비리를 저지른 장본인들에 대한 사법 처벌은 그 후 제대로 이루어지지 않았습니다. 2019년 현재 석유공사는 2008년 이명박 정부 당시 자원 외교 실패에 따른 손실을 지금까지도 처리하고 있는 중입니다.

公 | 訴 | 時 | 效

정부 예산의
함정

예산 편성, 과연 약속한 대로 이루어졌는가?

MB 정부와 박근혜 정부는 천문학적인 규모의 세금을 엉뚱한 곳에 쏟아 붓고도 제대로 된 성과를 내지 못했으며, 그 과정과 절차에서 투명성을 보여주지 못했습니다. 또한 세금을 투입하는 모든 과정에서 불법으로 재산을 축적하거나 은닉하는 꼼수가 뒤따랐습니다.

공적으로 투명하게 알려져야 하고 쓰여야 하는 세금 예산 편성에도 많은 허점과 함정이 있었습니다. 박근혜 정부가 출범했던 2013년에는 전체 예산의 30%에 이르는 100조 원의 세금을 복지에 편성했다는 점을 크게 홍보했습니다. 국민은 크게 환영했으나, 이 복지 예산에도 함정이 있었습니다.

실제로 100조 원의 예산 중 공적연금 지출액 33조 원과 주택건설 17조 원 지출은 복지 예산으로 들어갈 수 없는 예산에 속합니다. 왜냐하면 공적연금 지출은 공무원이나 교사의 노후 보장에 사용되는 비용이기 때문에 본래적 의미의 복지 예산으로 분류되기 어렵기 때문입니다. 결과적으로 100조 원이 국민 복지에 편성되었다는 당시 정부의 선언은 그럴듯한 허언에 불과했습니다.

2014년 세월호 참사가 일어난 후에 당시 박근혜 정부는 14조 원이 넘는 돈을 '안전 예산'에 편성했다고 발표한 적이 있습니다. 그러나 14조 원 중 4조 원에 달하는 돈은 안전과 직접적인 연관이 없는 관광사업이나 편의사업, 심지어 4대강 사업에 들어가는 돈이었습니다. 안전과 상관없는 곳에 예산을 책정해 놓고는 국민 세금을 국민 안전을 위해 썼다고 한 것입니다.

그 밖에 박근혜 정부 때 예산을 책정해놓고도 사용하지 않은 돈이 이명박 정부 때보다도 3배나 늘어난 것으로 밝혀지는 등, 예산과 세금 제도의 함정과 허점이 속속 밝혀졌습니다.

현행법상의 결정적인 허점은?

많은 국민이 이명박 전 대통령이 불법으로 은닉한 천문학적 규모의 재산을 끝까지 추적하여 환수해야 한다고 요구하고 있습니다. 또한 대한민국 현대사에서 적폐의 상징이 된 박근혜 정부의 국정농단이 국민의 힘으로 정권을 교체하면서 일단락되었지만, 이 적폐가 제대로 청산되었다고 보는 이는 이제 아무도 없습니다. 최순실이 불법으로 은닉한 재산을 추적하여 환수하는 절차가 남았기 때문입니다.

문제는 현행법의 한계입니다. 현행법상 일정 연한 이전의 불법과 비리를 캐는 데는 한계가 있는데, 그 이유는 바로 공소시효 때문입니다. 공소시효가 지난 일에 대해서는 불법 행위를 단죄할 수도 없고, 사적으로 은닉한 재산도 환수할 수 없습니다.

그래서 전문가들과 국민은 공소시효에 대한 특별법을 만들어 범죄행위는 단죄하고 부정 축재한 재산은 환수해야 한다는 목소리를 높이고 있는 것입니다.

그렇다면 현행법을 수정하거나 보완할 수 있는 방법은 없을까요? 이와 관련해 참고할 수 있는 것이 2005년에 제정된 '친일반민족행위자 재산의 국가귀속특별법' 입니다.

이는 일제 강점기에 친일을 한 자들이 부정하게 축적한 재산에 대해 그 후손들까지 조사 대상에 포함해서 재산을 국고에 귀속시키도록 한 특별법입니다.

전문가들은 바로 이런 방식의 특별법을 조세법 중 공소시효법에도 적용하여, 탈세하거나 은닉한 고액의 재산을 끝까지 추적하고 환수할 수 있는 제도적 장치를 만들어야 한다고 입을 모읍니다.

현행법 한계를 개선해야 한다

현행법상 공무원 범죄에 관한 몰수 특례법2009년 제정과 범죄 수익 은닉 규제법2001년 제정에 의하면, 범죄자가 도주, 사망, 공소시효 만료 등으로 형사처벌을 받지 않는 한 재산을 몰수할 수 없게 되어 있습니다. 아울러 범죄행위로 축적한 재산을 제3자가 취득한 경우, 검사가 그 사실을 입증해 유죄로 판결을 받아야만 몰수를 할 수 있습니다. 더구나 공무원에 한해서만 횡령이나 배임 같은 특정 범죄에 한해 몰수를 할 수 있습니다.

결론만 요약하자면, 현행법의 이러한 제약 때문에 최순실과 그 주변 인물이 은닉한 재산을 몰수하는 데는 결정적인 한계가 있다는 것입니다.

이명박, 박근혜, 최순실 등 부정한 방법으로 국민 혈세를 낭비한 이들, 천문학적인 재산을 축적하고 은닉한 이들을 처벌하려면, 현재의 공소시효법을 현실에 맞게 개정하거나 보완할 필요가 있습니다. 공소시효법을 수정하여 특별법을 만들어야 하는 것입니다.

박근혜와 최순실 일가의 재산은 아직까지 그 규모조차 제대로 파악되지 못했습니다. 사리사욕을 위해 국민 혈세를 탈취하고 악용한 정경 유착 세력이 숨긴 재산도 마찬가지입니다.

적폐의 핵심이 되어온 고위층의 재산을 철저히 환수하지 못하는 한, 국민이 바라는 적폐 청산은 요원한 일입니다. 특별법을 제정해 합법적인 방법으로 압수와 수색을 진행해야만 합니다. 그리고 공소시효가 한정하는 기간과 상관없이, 오랜 세월 동안 축적하고 은닉한 그들의 재산을 추적하고 조사할 수 있는 길이 열려야만 합니다.

公 │ 訴 │ 時 │ 效

저들이 훔쳐 먹고 빼먹는
내 돈을 지키는 길은?

국회가 본연의 역할을 하고 있는가?

국회는 국민의 대표로 구성된 조직입니다. 따라서 국회는 국민이 낸 세금으로 책정하는 국가의 예산이 얼마나 투명하고 적절하게 배분되는지를 감시하는 기관이라고도 할 수 있습니다.

그렇다면 국민이 낸 세금이 잘못 쓰이거나, 엉뚱한 곳에 쓰이거나, 일부 권력층의 사욕을 위해 사용되었다면 국회는 무엇을 해야 할까요?

그런 불법과 편법을 가능하게 만든 제도상의 허점이 발견되었다면 어떤 조치를 취해야 할까요?

박근혜 정부 내내 국정농단의 장본인이었던 최순실은 정부와 정부조직, 국민의 세금을 자신의 사욕과 재산을 채우는 데 철저히 이용했습니다. 권력의 사유화가 자유자재로 일어났던 것입니다.

수조 원에 이를 것으로 추정되는 최순실 일가의 재산은, 제대로 추적하고 환수하지 않으면 최순실 일가 내부에서 대대로 증여될 것입니다. 이것이 비단 최순실에게만 해당되는 상황일까요? 이전 정권, 그리고 수많은 정경 유착을 저지른 인물들에게 모두 해당됩니다. 그들이 숨긴 거액의 재산은 다음 세대에 새로운 적폐의 씨앗이 될 것임이 분명합니다.

지난 정권이 행한 국정농단을 제대로 파헤치고 대한민국의 적폐를 청산하려면, 그들이 부정하게 은닉한 재산을 끝까지 추적해 국고에 환수하는 것이 최우선 원칙입니다. 조사에 의하면 국정농단에 관련된 인물은 400여 명, 관련된 기업은 500개가 넘는다는 결과가 있습니다. 이마저도 추정 현황일 뿐, 제대로 밝혀내려면 제도 개정에 의거한 철저한 조사가 필요합니다.

내가 낸 세금, 제대로 쓰이고 있었나?

정부가 국민의 세금을 꼭 필요한 곳에 쓰겠다는 말을 국민은 더 이상 믿지 못하고 있습니다. 국가의 예산 편성이 얼마나 악용되고 눈속임 될 수 있는지 그동안의 역사를 통해 잘 알게 되었기 때문입니다.

다양한 편법이 쓰이고, 숫자와 수치가 조작되고, 정책이나 국가사업에 허울 좋은 껍데기를 씌워 그럴듯한 말로 포장이 됩니다. 그렇게 해서 수천억 원, 수조 원의 혈세가 엉뚱한 곳에 쓰이고 흔적 없이 사라져도 국민은 알 길이 없습니다. 또한 정치인과 기업인이 사리사욕을 채우기 위해 제도의 허점을 이용하여 공공자금이나 세금을 축재하고 은닉해도 그에 대한 처벌은 너무나도 미약하거나 법적으로 불가능한 것이 현실입니다.

이명박 정부와 박근혜 정부가 세금을 어디에 어떻게 썼으며 그 결과가 어떠했는지 알아내고, 이들의 불법 범죄를 철저히 밝혀내 처단하고, 그들이 부정하게 숨긴 재산은 끝까지 추적하여 국고에 환수해야 한다는 의견이 팽배해진 데는 이러한 역사와 과정이 있었습니다. 그럼에도 불구하고 공소시효를 비롯한 법제도 상의 허술함 탓에 정치인과 재벌 기업인들의 재산 축적은 한 번도 제대로 끝까지 추적되지 못했습니다.

인식과 제도 개선, 함께 가야 한다

국정농단의 모든 과정에서 관련된 인물들의 부정한 재산을 끝까지 추적하여 환수하라는 국민의 목소리는 나날이 높아지고 있습니다. 최순실의 재산을 몰수할 수 있는 특별법에 대한 요구도 높아지고 있습니다. 이명박을 비롯한 정치권 인사와 기업인이 불법으로, 혹은 제도의 허점을 악용해 탈세하거나 해외에 빼돌려 숨긴 재산도 이제는 제자리로 돌려놓아야 합니다.

이 범죄들에 대한 처벌이 되지 않고 재산이 환수되지 않으면 적폐 세력을 뿌리 뽑는다는 것은 불가능할 것입니다.

적폐 청산을 하려면 여러 사람과 여러 부처의 협력과 제도 개선이 필요합니다. 인적 적폐도 청산해야 할뿐더러 제도적인 개선도 이루어져야 합니다. 제도를 개선하고 수정하는 것 역시 하루아침에 가능한 것이 아니므로, 계속해서 문제를 제기하고 국민적 합의를 끌어내야 합니다.

부정을 저지르고 세금을 탈세하고 불법적으로 재산을 축적한 자들의 재산을 몰수하고 엄정하게 처벌하는 것은 대한민국 적폐 청산의 한 획을 긋는 일이 될 것입니다. 이것이 가능해야만 미래의 한국 사회는 좀 더 공정하고 발전적인 사회가 될 수 있을 것입니다.

2장.

끝나지 않는 정의의 실현

: 무엇이 정의를 파괴하고 있는가?

公 | 訴 | 時 | 效

국민은
분노로 가득하다

공정사회의 기본 원칙은?

《정의론A Theory of Justice 1971》으로 유명한 미국의 정치철학자 존 롤스John. Rawls, 1921~2002는 공정한 사회를 이룩하려면 어떤 원칙이 지켜져야 하는지에 대하여 이야기하면서, 책의 첫 대목에 다음과 같이 썼습니다.

> "진리가 사상 체계에서 최고의 덕德이듯이
> 사회 제도에 관한 최고의 덕은 공정公正이다.
> 불공정한 법과 제도는 그것이 아무리 효율적이고 잘 정리되었다
> 할지라도 개정되거나 폐기되어야 한다."

그러면서 공정한 사회라면 다음과 같은 두 가지 원칙을 갖추어야 한다고 말했습니다.

> 첫째는 정의의 제1원칙으로, 기본적 자유의 배분이다.
> 모든 사람이 양심의 자유나 언론의 자유 같은 기본적인 자유를 평등하게 최대한 누릴 수 있도록 해야 한다는 것이다.

> 둘째는 정의의 제2원칙으로, 사회적·경제적 가치의 배분이다.
> 빈곤한 사람들의 복지를 우선시하고 불리한 처지에 있는 사람들을 배려하되, 공직 등 직위, 직책은 모든 사람에게 개방되어야 한다는 것이다. 이는 사회·경제적 불평등이 최소 수혜자의 입장을 개선하는 한도 내에서 정당화될 수 있다는 '차등 원칙'에 해당된다.

존 롤스는 이러한 두 원칙에 의해 운영되는 사회를 '정의로운 사회'로 규정했으며, 이러한 공정함이 구현된 사회에서는 다양한 신념을 가진 다양한 집단이 공존할 수 있다고 했습니다. 그는 또한 이러한 원칙을 추구하고 실현하는 것이 공익이며, 이것이 정부의 행정 목표가 되어야 한다고 했습니다.

'공정함'에 목마른 한국 사회

존 롤스의 《정의론》이 발간된 지 약 40년 후, 하버드대학교의 세계적 석학 마이클 샌델 교수가 쓴 《정의란 무엇인가》라는 책이 한국 사회를 강타했습니다.

마이클 샌델 교수는 그동안 인류가 정의를 어떻게 규정했는지에 대해 설명하면서, 공리주의부터 칸트, 루소, 로크 등 다양한 고전 정치철학자들의 주장들에 대해 쉽게 풀어서 썼습니다.

특히 이 책에는 현대 정치철학 대가 존 롤스의 《정의론》의 장단점에 대해서도 설명되어 있습니다. 27세에 하버드대학교 최연소 교수가 된 샌델 교수가 29세에 발표한 《자유주의와 정의의 한계》1982가 바로 존 롤스의 《정의론》을 비판한 책이었으며 그는 이 책으로 세계적인 명성을 얻게 되었습니다.

샌델 교수는 존 롤스의 주장에 대해 어떻게 비판했을까요?

"이해관계가 사라진 무지의 장막 뒤에서 정의의 원칙을 합의해야 한다는 존 롤스의 주장도 완벽해 보이지만, 노예제를 인정한 과거 미국 헌법과 같이, 아무리 중립적이고 객관적으로 사유하려 해도 결국 공동체의 이익이나 관습을 근본적으로 제거하는 것이 불가능하다"는 것이 마이클 샌델의 지적입니다. '자유적 공동체주의 입장'에서 존 롤스의 장점을 인정하지만, 롤스가 말한 자유주의의 한계를 넘어서는 역할도 필요하다는 것입니다.

마이클 샌델 교수가 《정의란 무엇인가》에서 이야기하는 것은 '정의가 무엇인가'에 대한 단순한 하나의 답은 아닙니다. 그가 이야기하는 것은 다양하고 복잡해진 시대를 사는 현대 시민으로서 정의를 어떻게 고민해야 하는지에 대해 누구나 사유할 수 있으며, 그것은 일부 정치가나 사상가만 할 수 있는 일이 아니라는 취지입니다.

공정한 사회가 되려면?

2009년에 발간된 《정의란 무엇인가》는 미국에서는 10만 부 정도 팔렸지만 우리나라에서는 200만 부가 넘게 팔렸습니다. 2012년 샌델 교수가 내한했을 때 그의 공개강연을 듣기 위해 모인 1만5,000여 명의 사람들로 연세대 노천극장은 발 디딜 틈도 없을 정도였습니다. 여러 언론도 '정의'에 대한 한국인의 뜨거운 관심을 대서특필하며 이 현상의 원인을 다루는 기사를 쏟아냈습니다.

이토록 우리나라 국민이 정의와 공정함에 대해 목말라하는 이유는 무엇일까요?

정의로움과 공정함의 의미를 찾고 구현하려면 무엇을 어떻게 해야 할까요?

이에 대한 한국인들의 관심은 이 책이 발간된 지 약 10년이 지난 지금까지도 이어져오고 있습니다. 그 사이에 우리나라 국민은 국정농단 사태에 문제의식을 갖고 '촛불'의 힘으로 적폐를 청산하는 중요한 경험을 했습니다.

박근혜 정부를 이어 들어선 문재인 정부가 내세운 가치도 '기회는 평등하게, 과정은 공정하게, 결과는 정의롭게' 라는 것이었습니다.

이후 국민은 새로운 정권의 미흡한 부분에 대해서도 문제를 제기하면서 우리 사회의 뿌리 깊은 적폐 청산이 아직 이루어지지 못하고 있는 현실에 공감하고 있습니다.

'공정한 사회' 가 되려면 아직 멀었다는 것을 많은 부분에서 절감하고 있는 것입니다.

公 | 訴 | 時 | 效

분노의 원인,
어디에 있나?

① 공정하지 못한 사회의 계급론

사회의 부조리한 계급론

많은 정치 전문가가 주장한 것처럼 공정한 사회란 자유와 가치에 있어서 평등함이 보장되는 사회입니다. 새롭게 변화되는 사회에서 한계와 부족함을 극복하고 개선하려는 지속적인 노력이 뒤따라야 공정한 사회라고 할 수 있습니다.

대부분의 사람은 "누구에게나 기회가 공정하게 돌아가는 사회가 공정한 사회다"라고 말할 것입니다. 그러나 과연 누구에게나 평등하고 공정하게 기회가 주어지고 있을까요? 즉 노력하면 누구나 성공할 수 있고, 동등한 대접을 받을 수 있을까요?

'그렇지 못하다'는 것에 대해 국민은 동의하는 듯합니다. 이는 최근 몇 년 전부터 유행한 '금수저', '흙수저'로 표현되는 이른바 '수저계급론'에서도 알 수 있습니다.

수저계급론이란 개인의 순수한 노력보다는 부모에게 물려받은 부와 권력에 따라 사회적인 계급이 나뉜다는 일종의 사회풍자적인 신조어라 할 수 있습니다. 수저계급론에서 말하는 계급은 말 그대로 '금수저'와 '흙수저'로 나뉩니다. 금수저는 부모가 이미 부와 지위를 마련해놓아 좋은 환경에서 많은 기회를 누릴 수 있는 사람을 뜻하고, 흙수저는 부모의 재산이 넉넉하지 못하고 지위가 높지 않아 열악한 환경에서 적은 기회만을 얻을 수 있는 사람을 뜻합니다.

'갑질'이 만연한 사회

수저계급론과 함께 우리 사회의 불공정성을 잘 대변하는 대표적인 신조어는 다름 아닌 '갑질 문화'일 것입니다.

'갑질'이라는 말은 '갑을甲乙 관계'의 갑甲과 을乙에서 나온 말이지만, 본래 '갑을 관계'란 계약상 돈을 주고 일을 시키는 당사자와 돈을 받고 일을 하는 당사자를 일컫는 말입니다. 이것은 결코 권력과 힘의 우열, 인격의 우열, 계급의 우열을 뜻하는 의미가 아니라고 합니다. 계약적인 관계일 뿐 권력을 더 가지고 덜 가진 관계는 아니라는 것입니다.

그런데도 우리 사회에서 통용되는 '갑을 관계' 혹은 '갑질'은 사회적 강자인 '갑'이 자신의 우월한 지위를 악용해 사회적 약자인 '을'에게 부당행위와 횡포를 부리는 것을 의미하는 말로 정착한 것 같습니다.

부와 지위에 따른 부당한 사회적 차별은 인류의 역사 속에서 늘 존재했습니다. 그러나 이 '갑질'의 문화가 사회 문제가 되고 전 국민적인 공분을 사며 심지어 신조어까지 만들어진 것은 10

년이 안 된 일입니다.

　수저계급론이 통용되고 '갑질' 이라는 용어가 널리 사용되기 시작한 결정적인 계기가 된 것은 2013년의 소위 '라면 상무사건' 이라고 할 수 있습니다. 이 사건은 2013년 4월 포스코 기업의 A상무가 비행기에서 '라면이 덜 익었다' 는 이유로 승무원에게 폭행과 폭언을 가한 사건을 일컫습니다.

　같은 해에 남양유업이 대리점에 제품 강매밀어내기를 강요하는 과정에서 폭언을 퍼부은 사실이 밝혀지면서 또 한 번 커다란 사회적 이슈가 되었던 것을 누구나 기억할 것입니다.

　그런가 하면 2014년에는 대한항공 오너 가족인 조현아 전 부사장이 이륙을 앞둔 비행기 기내에서 땅콩 서비스를 문제 삼으며 난동을 부리고 비행기를 회항시켜 승무원을 내리게 한 이른바 '땅콩 회항 사건' 이 또 한 번의 국민적 공분을 산 바 있습니다.

본래 갑과 을은 권력의 우월이 아니다

이 사건들에는 공통점이 있습니다. 권력을 가진 자, 특히 대기업의 높은 지위를 가진 사람들이 그렇지 못한 사람들에게, 혹은 강자인 모기업이 약자인 대리점 측에 횡포를 부리거나 부당한 행위를 가했고 이것이 인간으로서의 분노를 자아냈던 것입니다.

이러한 갑질 문화와 금수저 횡포가 그저 개인의 인성이나 품성의 문제였을까요? 일부 개인의 성격이나 일탈 문제의 차원이 아니라는 문제의식에는 '금수저'의 '갑질'에 대한 국민적인 박탈감이 자리하고 있습니다. 그들이 상식 이하의 말과 행동을 거리낌 없이 할 수 있게 된 데에는 대대로 부와 권력을 축적하고 유지하고 배를 불릴 수 있게끔 해주는 사회구조적인 허점과 한계가 있었기 때문입니다. 그리고 잘못된 구조와 허점이 고쳐지지 않았기 때문입니다.

즉 불평등을 양산하는 잘못을 저지르고도 '빠져나갈 수 있는 구조'가 사회적인 적폐를 만들어내기에 그러한 '갑질'이 가능하다는 것입니다.

② 갑질이 대물림된다

많은 사회 문제의 뿌리는 공정성

공정한 사회가 되려면 모든 사람이 교육받고 일을 하고 생활하는 데 있어서 수단과 과정부터 공정해야 할 것입니다. 똑같은 조건에서 똑같은 과정을 거쳐 공정하게 능력과 실력을 인정받아야 합니다.

무엇보다 잘못을 저지르거나 법을 어기거나 부당한 일이 있을 때 사회적으로 합의된 절차와 규범에 따라 합당한 처벌을 받아야 합니다. 그렇지 못한 사회를 공정한 사회라고 할 수는 없을 것입니다.

그러나 현실의 한국 사회는 그렇지 않은 경우가 더 많습니다. 더 유리한 위치에서 더 많은 것을 가진 사람들이 수단과 방법을 가리지 않고 부와 권력을 쌓을 뿐만 아니라 그것을 자녀 세대에 세습합니다. 또한 부모 세대로부터 부와 권력을 물려받은 세대들은 원래부터 자신들은 사회의 법과 질서를 준수하지 않아도 되는 것처럼 생각하고 행동합니다.

그러다 보니 계층 간 갈등이 심화되고 소득 격차가 벌어져 사회적 양극화는 더욱더 심각해져 갑니다. 새로운 세대들은 태어나자마자 이미 교육 기회의 차별을 경험하며 자랍니다. 공교육 파행은 걷잡을 수 없게 되었고 기회는 더욱 불평등해졌습니다.

이러한 사회에서 국민은 분노하지 않을 수 없습니다. 현재 우리 사회에서 나타나는 다양한 문제들의 뿌리에는 '공정성 결여'가 자리하고 있음을 알 수 있습니다.

과연 노력만으로 성공할 수 있는가?

공정한 사회가 되려면 경제적인 형평성은 물론이고 교육과 복지의 기회도 모든 계층에게 골고루 확대되어야 할 것입니다. 물론 전문가들은 완벽하고 이상적인 공정함을 구현한다는 것이 현실에서는 불가능에 가까운 일이라고 말합니다. 개인의 실력만으로 인정받는 게 맞다는 것을 누구나 알지만, 이 실력을 만드는 일 자체도 현실에서는 불평등한 경우가 많기 때문입니다.

20세기 산업 사회에서는 노력하면 어느 정도의 성취를 이룰 수가 있었습니다. 그러나 지금은 노력만으로 성공할 수 있다는 믿음에 깊은 불신이 생긴 지 오래되었습니다. 개인의 노력만으로 실력을 만들 수 있는 사회 구조를 기대하기 어려워진 탓입니다. 타고난 재능이 노력을 통해 충분히 발휘될 수 있을 때 한 사람의 실력이 만들어집니다. 나아가 개인의 재능과 노력으로 쌓은 실력을, 공평한 기회를 통해 인정받고 그에 대해 책임을 질 수 있는 사회를 우리는 공정한 사회에 가깝다고 말할 수 있을 것입니다.

태어나자마자 불공정한 사회

그러나 기회 자체가 차별적이고 매사에 공정함이 결여된 사회에서 과연 개인의 순수한 실력이라는 것이 존재할 수 있는 것일까요?

부모의 배경, 태어나면서부터 얻은 환경, 부모나 조부모의 소득 수준 등 애초부터 개인의 노력으로 통제하거나 획득할 수 없는 수많은 요소가 그 사람의 실력을 만든다면, 과연 그 실력을 가지고 개인별로 비교를 하거나 진정한 의미의 경쟁을 할 수 있을까요?

바로 이 지점에서 국민은 분노하고 있습니다. 노력으로 실력을 구축할 수 있는 것이 아니라, 노력으로 획득할 수 없는 환경과 배경에 의해 한 사람의 위치가 결정되는 사회가 이미 되어 버린 까닭입니다.

그런 사회에서 개인의 노력은 본래의 의미와 순수함을 상실하게 됩니다. 한마디로 '노력해도 소용없다' 라는 사실 때문에 사람들은 분노하는 것입니다.

한 사람의 피나는 노력만으로 얻을 수 있는 것이 많지 않다면, 개인의 실력을 요구하는 사회란 사실상 공정하고 정의로운 사회가 아닐 가능성이 큽니다. 특히 현재의 대한민국처럼 사회적인 양극화가 극심해지는 사회에서 개인의 노력은 그 영향력이 거의 미미하고, 세습을 통해 얻은 부모의 배경이나 학벌, 재산이 그대로 개인의 실력을 만들 것입니다. 결국 승자만이 모든 이익을 독식하는 사회로 굳어지는 것입니다.

③ 부와 소득, 기회의 불공정 현상

기회도, 과정도 공정하지 못한 사회

이제까지 우리 국민은 스스로 노력할 수 있는 기회가 누구에게나 균등하게 주어져야 한다고 믿고 살아왔습니다. 적어도 지난 세기까지는 그런 믿음이 확고했습니다. 어렸을 때부터 그렇게 교육을 받아왔습니다. 그러나 개인의 노력으로 극복할 수 없는 것이 있음을 학교에서는 아무도 가르쳐주지 않았습니다.

문제는 막상 사회에 나오자마자, 실력만으로는 성공할 수 있다는 것이 환상 혹은 착각에 불과했음을 직시하게 된다는 점입니다. 실력을 쌓을 수 있는 과정, 즉 교육이나 취업 혹은 창업, 승진을 두고 벌이는 경쟁이 과열되고 불공정해졌기 때문입니다.

공정한 사회의 조건

공정한 사회에서는 우선 두 가지가 평등해야 합니다.

첫째는 기회 자체가 균등해야 합니다.

둘째는 기회를 얻은 다음 결과를 성취하기까지의 과정이 정의로워야 합니다.

반대로 말하면 공정하지 못한 사회에서는 기회도 균등하지 못하거니와, 기회를 획득한 다음 결과물을 내기까지의 과정 자체가 공정하지 못하다고 할 수 있습니다.

나아가 이것이 세대를 거쳐 세습된다는 점이 가장 큰 문제입니다. 부와 사회적 지위를 한번 획득하고 나면, 그것을 놓치지 않기 위해 부모 세대가 수단 방법을 가리지 않는 것이 일반화되었기 때문입니다.

노력의 가치가 조롱받아야 하는가?

재화와 기회를 모든 사회 구성원이 골고루 나눠 갖는다는 취지에서 20세기 초반에 사회주의가 만들어졌던 역사가 있습니다. 그러나 이 체제는 이미 실패했음이 증명되었습니다. 국가가 국민을 획일적으로 통제하는 극단적인 사회주의 시스템이 불공정 사회의 대안이 될 수는 없습니다. 이 점은 역사 속 실패의 교훈을 통해 이미 오래전에 밝혀졌습니다.

'누구나 노력만 하면 원하는 것을 성취할 수 있다' 라는 개념은 자본주의의 가장 중요한 토대가 됩니다. 그러나 한번 축적된 부가 잘못 사용되고, 그것이 절대적인 권력으로 변질되어가는 과정에서의 공정성이 통째로 흔들린 사회를 올바른 자본주의 사회라고 할 수는 없을 것입니다.

국민에게 가장 큰 박탈감을 주는 것

그런 점에서 지금 우리 사회의 극단적인 소득 양극화와 그에 따른 여러 사회 문제는 평범한 국민에게 좌절과 박탈감을 주는 가장 큰 원인이라 할 수 있습니다. 개인의 정정당당한 노력의 의미는 퇴색되고 심지어 순수하게 노력하는 사람이 조롱의 대상이 되는 사회에서 개인이 무엇을 할 수 있을까요?

사회학자와 경제학자들의 일반적인 원칙론에 의하면 '부의 재분배'가 정상적으로 이루어져야 사회 양극화가 완화될 수 있습니다. 그러나 문제는 일단 '가진 자'가 된 계층이 자기 것을 재분배하려 하지 않으려 든다는 점입니다.

따라서 공정성을 강화하고 유지할 수 있는 사회적 제도의 정비와 수정이 매우 중요합니다. 한마디로 말해 많이 가진 사람들로부터는 세금을 많이 걷어야 하고, 가진 자들이 편법과 불법으로 세금을 내지 않거나 부를 축적할 수 있는 경로를 제도적으로 차단해야 하는 것이 기본입니다.

이와 관련한 제도들이 개선되지 않는 한 상위 계층이 자발적으로 부의 재분배를 실천하기를 기대하기란 어려울 것입니다.

④ 사회적 양극화의 극단적 흐름

사회 양극화의 흐름은?

소득의 양극화가 우리 사회의 정의를 해치고 있는 현상은 어제오늘의 일은 아닙니다. 소득 격차에 있어서 OECD 국가들을 비교할 때 우리나라는 이미 2007년부터 미국에 이어 두 번째로 높은 양극화 수준을 보였습니다.

이런 사실은 '지니 계수'에서도 드러납니다. 0에 가까울수록 소득 분배가 평등하게 잘 이뤄지는 사회로 평가하는 지니 계수를 보면 한 사회의 불평등 정도 및 양극화 정도를 알 수 있습니다. 우리나라는 IMF 외환위기 직전인 1995년에는 0.28이었으나 외환위기 이후인 1999년에는 0.32로 급상승했고 이후로는 내려가지 않았습니다.

일자리 양극화 현상은 소득 양극화의 원인이자 결과이기도 합니다. 높은 교육 수준이 요구되는 고소득 전문직 일자리는 증가하지만, 취약 계층이나 제조업, 농어업 등 단순직종 일자리는 감소하거나 불안정해졌습니다.

일자리 양극화에 의해 소득 차이가 생기면 빈부 격차는 점점 더 벌어질 수밖에 없습니다. 지난 2018년 3분기의 경우, 취약 계층의 일자리가 크게 감소하는 최근 고용동향지표가 그대로 반영되었습니다. 소득 상위 계층이 일하는 상용직 일자리는 증가한 반면, 임시직의 경우 2018년 하반기를 기준으로 2016년 9월 이후 26개월째, 일용직은 12개월째 감소세를 나타내었습니다.

부도 대물림, 가난도 대물림

그렇다면 점점 심해지는 소득 양극화의 속도를 늦추고 양쪽의 격차를 줄이는 것이 현실적으로 가능할까요?

지난 2014년 스위스 다보스에서 개최된 세계경제포럼 44차 총회 보고서에 따르면, 전 세계에서 가장 부유한 85명이 70억 인구의 절반에 해당하는 사람들의 재산과 맞먹는 부를 소유하고 있었습니다. 심지어 전 세계 상위 1%가 가진 재산은 35억 명에 해당되는 가난한 계층의 재산보다 65배 많았습니다. 지구 상 인구의 절반 이상은 여전히 가난하게 사는 반면, 극소수 상위 계층은 상상 이상의 부를 거머쥐고 있다는 것입니다.

세계 경제 전문가들은 경제 세계화는 피할 수가 없으며, 극소수 상위 계층에 부가 편중되고 독식되는 현상은 앞으로도 더 심해질 것이라고 지적한 바 있습니다.

실제로 전 세계의 빈부 격차가 극심해진 것은 1980년대부터 였습니다. 1988년에 전 세계 상위 5%와 하위 5%의 평균소득 비율은 78 대 1이었으나, 13년 후인 1993년에는 114 대 1이 되었습니다. 격차가 크게 벌어진 것입니다.

이는 우리나라뿐만 아니라 전 세계적인 추세로, 이후 21세기로 넘어오면서 양극화는 더욱 심해지고 있습니다.

2000년대 이후 우리나라 양극화가 가속

그렇다면 우리나라의 양극화 수준은 어느 정도일까요?

계층에 따른 소득 수준에서의 양극화는 이미 2000년대부터 현재까지 꾸준히 진행되었습니다. 2006년에 상위 20%의 월 소득은 평균 630만 원이었으나 하위 20%의 월 소득은 80만 원이었습니다. 무려 8배에 가까운 격차였습니다.

이미 이때부터 가진 자는 더 부자가 될 수 있는 환경을 획득하게 되고, 가난한 자는 아무리 노력해도 중산층 이상으로 올라가기 어려운 사회 구조가 공고해졌습니다.

우리나라의 상위 10% 소득 집중도는 IMF 외환위기 전인 1995년에는 29.2%였습니다. 당시 미국은 40.5%, 일본은 34%였으므로 그에 비해 우리나라의 소득 양극화는 극심한 편은 아니었다고 할 수 있습니다.

그러나 21세기부터는 상황이 달라집니다. 2012년에 들어서 우리나라의 상위 10% 소득 집중도가 44.9%로 크게 올랐고, 이는 미국의 47.8% 다음으로 높은 수준이었습니다. 또한 상위

1%가 국내 GDP에서 차지하는 몫이 1998년에는 6.97%이던 것이 2011년에는 11.5%로 크게 늘어났습니다.

상위 20% 소득을 하위 20% 소득으로 나눈 배율의 경우 2003년에는 5.31배이던 것이 2012년에는 5.73배로 늘어났습니다. 이후 상위와 하위의 소득 격차는 2008년에 6.15배까지 벌어졌습니다. 2009년에 6.03배가 되어 약간 줄어들었을 뿐, 이후 더 이상 줄어들지는 않았습니다.

이미 오래전부터 우리 사회의 양극화는 나날이 극심해져만 갔습니다. 2018년에도 상위 20%와 하위 20% 가구의 평균 소득이 5.5배 넘게 차이가 난 것으로 조사되었습니다. 우리나라의 빈부 격차 수준은 OECD 국가 중 미국에 이어 두 번째로 심각합니다.

公 | 訴 | 時 | 效

갑질 타파와
구조 개선은?

열심히 노력하면 정말 지위가 높아질까

통계 결과는 그렇다 치고 실제 우리 국민은 양극화에 대해 어떻게 인식하고 있을까요?

2015년에 실시했던 한국보건사회연구원의〈사회통합 실태 진단 및 대응 방안〉에 따르면, '열심히 노력하면 사회경제적 지위가 높아질 수 있다'라고 생각하는 사람의 비율이 2009년 37.6%, 2011년 32.3%, 2013년 31.2%였다가 2015년에 22.8%

로 크게 줄어들었습니다.

한편 2014년 조사에 의하면 20억 원 이상을 물려받은 피상속인이 국내에서 1,593명에 달했는데, 이듬해인 2015년에는 1,785명으로 12.1% 증가했습니다. 이 기간 동안 100억 원이 넘는 상속은 39.2%, 500억 원 상속은 80%나 증가한 것으로 나타났습니다.

우리 사회에 '수저계급론'이 신조어로 등장한 시기도 바로 이 무렵입니다. 2015년부터 유행한 수저계급론, 즉 '금수저 흙수저' 계급론은 소득과 재산의 극심한 양극화 현상을 반영하는 일종의 사회적인 현상이자 지표라 할 수 있습니다.

박탈감과 좌절감을 넘어 분노로

통계에서도 알 수 있듯이 막대한 부를 축적한 조부모나 부모 밑에서 태어나 이미 태어날 때부터 수억 원대의 부동산이나 주식을 소유한 아이들이 늘어나고, 아무런 노력을 하지 않아도 이미 많은 것을 거머쥐고 누리는 젊은 상속자들이 급증했습니다. 이는 소득보다 유산의 비중이 커졌다는 국세청 통계 자료와도 일치합니다.

어느 나라나 개발도상국 시기를 지나 경제성장률이 떨어지거나 정체되기 시작하면, 그때부터는 소득이나 임금보다는 이전 세대가 이미 축적해놓은 재산을 통한 소득이 더 중요한 수단이 되고 그 다음 세대의 부의 기반이 된다는 것이 경제 전문가들의 설명입니다. 우리나라도 이러한 저성장 시기가 도래했습니다. 그에 따라 소득 양극화와 빈익빈 부익부 현상이 심화되는 것도 어느 정도는 피할 수 없었을 것입니다.

그러나 지금 우리 국민의 공분은 '노력만으로는 성공하거나 부자가 될 수 없다'라는 상대적 박탈감과 좌절감을 이미 넘어섰습니다. '노력하지 않는 부자가 부당한 방법으로 부를 축적하고 권력을 휘두른다'라는 분노가 사회적 공감을 얻고 있는 것입니다.

이상적인 사회는 불가능하다 할지라도

그렇다면 도대체 어떻게 해야 공정한 사회를 만들 수 있을까요?

사실 그동안 우리나라는 독재국가에서 민주주의 국가로 발전하기 위해 노력해왔고, 불공정한 사회에서 공정한 사회로 탈바꿈하기 위해 온 국민이 부단히 투쟁하는 시대를 거쳐 지금에 이르렀습니다. 전 국민의 노력으로 불과 몇 십 년 만에 매우 급속한 경제적 성장과 발전을 이룬 것도 사실입니다.

그러나 지금 우리 사회는 빈부 격차, 학벌 전쟁, 교육 문제, 계층 간 갈등이 나날이 심화되고 있습니다.

학력과 학벌주의를 없애면 공정사회가 만들어질까요?

교육을 개혁하면 학벌주의가 타파될까요?

재벌에 대한 정책을 바꾸면 빈익빈 부익부의 세습 구조에도 변화가 생길까요?

과도한 경쟁이 완화되면 공정한 사회가 될 수 있을까요?

공정사회 구현을 위해 무엇부터 고쳐야 할까요?

이 많은 질문에 대한 답은 결코 간단하지 않습니다. 사회가 공정하고 정의로워질 수 있다는 것이 이상주의적인 환상에 불과하다고 말하는 이들도 있을 것입니다.

그럼에도 불구하고 건강한 시민이라면 공정사회에 대한 꿈을 버리지 않을 것입니다. 완벽한 공정성을 만드는 것은 불가능하다 할지라도, 잘못된 구조와 법제도를 수정하고 개선할 수 있는 여지가 분명히 있기 때문입니다.

3장

폐단이 쌓이면 나라가 썩는다

: 분노에 대한 제안

公 | 訴 | 時 | 效

적폐 청산의
대상은 누구인가?

적폐 청산의 진짜 의미

최근 몇 년 동안 모든 국민이 말하고 정치권 여러 세력이 강조하는 '적폐 청산'의 '적폐'란 무슨 뜻일까요?

적폐의 의미를 찾아보면 다음과 같은 설명이 나올 것입니다.

> 〈적폐積弊〉
>
> : 오랜 기간 쌓여온 폐단. 표준국어대사전

: 오랫동안 쌓이고 쌓인 관행, 부패, 비리 등의 폐단을 말한다. 이를 뿌리 뽑으려면 조직, 사회, 국가 전반의 전방위적 개조와 혁신적인 노력이 필요하다. 관련 책임자에 대한 문책과 처벌이 뒤따를 수 밖에 없다. 한경 경제용어사전

이러한 적폐 청산은 바야흐로 지금의 한국 사회의 가장 중요한 시대적 과제로 자리 잡은 듯합니다. 이 적폐 청산이라는 것은 어찌하여 국민 모두가 열망하면서도 아직까지 현대사에서 제대로 이루어지지 않은 '과제'로 자리 잡게 된 것일까요?

적폐 청산은 왜 시대의 화두가 되었나?

대한민국 국민이라면 다 알고 있듯이, 적폐 청산이 이 시대의 화두로 본격적으로 등장한 것은 지난 2014년 세월호 참사 때부터였습니다.

세월호 운항을 허가하는 과정에서 드러난 이른바 '관피아'라는 잘못된 관행의 문제가 수면 위로 떠오른 것입니다. 여기에

서 '관피아' 란 '관료' 와 이탈리아 범죄조직인 '마피아' 의 합성어로, '공직을 퇴직한 사람이 관련 기업에 재취업, 학연·지연을 이용해 자신의 이익을 위해 마피아처럼 거대한 세력을 구축하는 행태' 를 비판하는 말입니다.

배가 가라앉고 수많은 꽃다운 목숨이 희생되고 나서야, 그동안 오랜 세월 동안 수면 아래 가라앉아 있었던 폐단들이 그 모습을 드러내었습니다.

이후 실제로 '관피아 방지법', 즉 민관유착과 전관예우 등의 문제점을 해결하기 위해 만들어진 '공직자윤리법 개정안' 이 만들어졌는데, 이 관피아 방지법의 요지는 다음과 같습니다.

〈관피아 방지법〉

각종 이익단체와 공직자의 유착을 막기 위한 퇴직 공무원들의 취업제한 강화조치로, 2014년 4·16 세월호 참사 이후 통과되었으며 2015년 3월 31일부터 시행되고 있다.

공무원이 퇴직일부터 3년간, 퇴직 전 5년 동안 소속 부서의 업무와 밀접한 관련이 있는 기업체나 대학, 병원 등 비영리법인에 재취업하지 못하도록 금지하는 내용을 담고 있다.

법안에 따르면

-퇴직 공직자의 취업제한 기간을 현행 2년에서 3년으로 연장

-2급 이상 고위직에 대한 업무 관련성 판단 기준은 소속했던 부서의 업무에서 기관의 업무로 확대

-3급 이하 공무원은 소속부서의 업무를 업무 관련성 범위로 규정했다. 참조 : 네이버 지식백과 시사상식사전

정치인, 경제인, 기업인의 적폐가 가장 큰 문제

이후 누구나 생생하게 기억하고 있듯이 최순실 국정농단 사태가 줄줄이 세상에 드러나고 촛불 민심이 들불처럼 일어났습니다. 그리고 마침내 국회에서 대통령 탄핵이 가결되던 2016년 12월을 기점으로, 적폐를 묵인하는 기존의 관행을 더 이상 용납해서는 안 된다는 목소리가 공론화되었습니다.

사실 적폐 청산은 누구나 필요하다고 부르짖는 화두이면서도 누구나 자기에게 유리하게 해석할 수 있는 역설적인 특성을 가지고 있습니다. 놀랍게도 국정농단과 오랜 적폐의 온상을 만

든 박근혜 전 대통령조차도 재직 시절 '적폐 청산' 을 언급했던 적이 있을 정도입니다.

새로운 정권이 들어선 이후로도 검찰 개혁이라든가 재벌의 갑질과 탈세, 사회 지도층의 범법행위 등 사회적으로 뜨거운 이슈가 등장할 때마다 '적폐 청산' 이라는 말은 핵심 키워드로 등장하고 있습니다.

그렇다면 우리 사회에서 적폐 청산의 대상은 누구일까요?

국민이 꼽는 가장 심각하고 중대한 적폐는 다른 그 어떤 계층보다도 정치인, 경제인, 기업인들에 있으며, 바로 이들이 적폐 청산의 대상으로 여겨지고 있습니다. '관행' 이라는 이름의 핑계를 습관적으로 대며 부정부패를 일삼는 계층이 바로 이들이기 때문입니다.

公 | 訴 | 時 | 效

정치 · 경제 분야의
적폐부터 해결되어야 한다

대한민국의 미래는 무엇으로 좌우되는가?

뿌리부터 썩은 과거의 잘못된 관행들을 뽑아내고 밝혀내고 새로이 변화시키는 것.

해묵은 적폐를 청산하여 더 이상 부당하게 희생당하는 목숨이 없도록 하는 것.

서민들이 땀 흘려 일한 데 대한 보상을 정당하게 받고 살아가는 것.

공정한 사회로 나아가 정의사회를 구현하고 진정한 선진국
의 면모를 갖추는 것……

이는 지금의 우리나라 국민이 가장 절실히 염원하는 희망이
자 시대의 요구일 것입니다.

지금까지 우리나라에서는 정의가 제대로 구현되지 못했습니
다. 너무나도 짧은 기간에 산업화와 민주화를 이루고 이제 겨
우 먹고살 만한 경제력을 갖추게 되었지만 그 과정에서 성숙한
발전이 이루어졌다고 하기는 어려웠습니다.

따라서 정치권과 경제 분야에서의 고질적인 적폐를 어떻게
청산하느냐에 따라 대한민국이 진정한 선진화가 되느냐가 달
려 있다고 해도 과언이 아닐 것입니다.

적폐는 제도의 틈새에서 발생한다

이를 위해서는 무엇보다 정치와 경제 분야에서의 적폐 청산
이 가장 먼저 이루어져야 한다는 점을 온 국민이 공감하고 있

으며 전문가들도 이 점을 중요하게 다루고 있습니다. 정치와 경제에서의 적폐가 청산되지 않는 한 국민 분열과 갈등 그리고 심각한 수준의 양극화 현상은 절대 개선되지 않을 것입니다.

적폐의 온상이던 대통령이 국민의 목소리와 염원에 의해 탄핵되고 지금의 정부가 들어섰던 순간부터 우리 국민이 가장 갈망한 것도 바로 적폐 청산이었습니다. 공직사회에 적용되는 '김영란법'이 시행되면서부터 국민은 이것이 전부가 아니길 바랐습니다. 공직사회의 적폐 청산이 사회 전체로 확장되기를 염원하고 있습니다.

물론 우리 사회에도 매우 정교한 법과 제도가 있습니다. 그러나 법과 제도는 사람이 만든 것입니다. 따라서 모든 제도는 아무리 잘 만들었더라도 허점과 구멍이 있게 마련입니다.

바로 이 틈을 비집고 들어가 만들어지는 것이 '관행'이라는 이름의 편법 혹은 범법입니다. 이 편법과 불법으로 인해 소수의 누군가가 부당한 이득을 취하는 반면, 다수의 누군가는 부당한 피해를 입을 때, 그리고 이것이 장기간에 걸쳐 고질적으로 반복될 때 바로 적폐가 됩니다.

악용되는 제도는 끊임없이 개선해야 한다

미성숙한 사회에서 성숙한 시민사회로, 즉 진정한 의미의 선진국으로 발전하고 변화하려면 제도의 틈새를 늘 살펴보고, 그 틈새를 악용하는 사람들에 대한 제재와 처벌이 제대로 이루어져야 합니다. 날카로운 매의 눈으로 냉철하게 평가하고 원칙을 고수하여, 모순은 줄이고 틈은 메워야만 합니다. 그래야 적폐가 쌓일 만한 여지를 줄일 수 있습니다.

만약 현재의 법과 제도상의 어떤 허술함으로 인해 누군가가 편법을 쓰거나, 악용을 하거나, 꼬리가 밝히지 않도록 빠져나가고 있다면, 그 제도는 당장 수정되고 개선되어야 합니다. 즉 적폐를 가능하게 해주는 구조 자체를 끊임없이 평가하고 고쳐나가야 하는 것입니다.

바로 이러한 편법과 악용의 틈새를 가장 많이 드러내고 있는 것이 정치와 경제 분야의 제도들입니다. 그렇기에 우리 사회에서는 정치인과 경제인의 잘못된 결탁, 즉 정경 유착의 고리가 끊어지지 못하고 적폐를 만들어왔던 것입니다.

공정하게 대가를 치러야 개혁이 시작된다

특히 세금 탈세를 비롯한 조세 관련 제도의 허점을 악용한 정경 유착으로 인해 정치인과 재벌 기업, 부유층과 사회지도층의 온갖 비리가 싹트고 자라날 수 있었습니다.

적폐 청산은 결코 하루아침에 이루어질 수 없습니다. 다른 모든 법제도와 마찬가지로 조세 관련 제도들도 갑자기 완벽하게 개혁될 수는 없습니다.

이를 위해서는 국민들의 꾸준한 관심과 비판, 그리고 사회지도층의 반성과 변화 의지, 제도 개선의 실행력이 반드시 필요합니다. 대기업과 부유층의 갑질 문화, 사회 곳곳의 불공정과 불평등, '금수저' 의 횡포와 부정한 부의 세습 등은 반드시 제도 개선을 통해 바꾸어 나가야 합니다.

잘못을 저지른 정치인과 경제인은 반드시 잘못에 대한 대가를 치러야 하며 범법에 대한 처벌을 받아야만 합니다. 그동안 대가를 치르지 않고 빠져나가고 있었다면 바로 지금이 변화할 때입니다.

03

公 | 訴 | 時 | 效

더 나은
세상을 위한 책임론

적폐 청산을 위한 첫걸음

지난 2016년 9월 28일 이른바 '김영란법' 이 시행되었습니다. 김영란법의 본래 명칭은 '부정 청탁 및 금품 등 수수의 금지에 관한 법률' 입니다. 이 법률은 2012년에 당시 국민권익위원장 이던 김영란 위원장이 추진한 법안이 그 기초가 되었습니다.

김영란법은 우리 사회에 만연한 부정부패를 척결하고 적폐 를 청산하여 공직사회를 투명하게 만들기 위한 첫걸음이 된 법률이지만, 이 법률이 처음 시행될 당시에는 기대의 목소리만큼 우려의 목소리도 적지 않았습니다. 특히 불황기에 경기가 더욱 위축되는 부작용이 있을 것이라는 예상이 있었고, 정착 과정에서 여러 혼란을 겪기도 했습니다.

그러나 우여곡절 끝에 지금은 부정적인 의견보다 '우리 사회의 적폐와 부정부패 개선에 도움이 되었다' 라는 긍정적인 의견이 더 많다는 여론조사 결과가 나왔습니다. 김영란법의 대상은 교원과 공직자 등 일부 직업군에 국한되어 있음에도 불구하고 전 국민의 관심이 매우 높았던 것입니다.

개인의 힘이 합쳐지면 개선할 수 있다

우리 국민은 우리나라가 많이 부패되어 있고 적폐 청산이 제대로 이루어지지 않았다고 인식하고 있습니다.

실제로 2017년의 국가별 부패인식 지수 순위에서 우리나라는 OECD 국가 35개국 중 29위를 차지했습니다. 이는 아시아 국가 중에서는 최하위 순위였으며, 특히 국정농단 사태로 전 국민이 분노했던 2016년 당시에 순위가 급락했던 것으로 알려졌습니다.

그 후 국민의 힘으로 적폐에 대해 문제를 제기하고 적폐 청산의 첫걸음을 내디디는 경험을 몸소 한 것은 우리 현대사의 큰 획이 되었습니다. 이는 1980년대 민주화 운동 이후 다시 한번 우리나라의 역사를 바꾸는 계기가 되었습니다.

국민 개개인은 힘이 없지만 그 힘이 모였을 때 어떤 변화를 이끌어낼 수 있는지를 체험한 것입니다.

적폐 청산의 기본 조건

우리나라의 제도 자체가 처음부터 잘못된 것은 아닙니다. 우리 사회에는 엄연히 헌법이 존재하고, 각종 법률과 규칙도 있습니다. 부정부패를 통제하는 제도적 장치 자체가 없는 것은 아니라는 뜻입니다.

그러나 그 모든 규범과 법률에도 불구하고 정치인과 재벌 기업의 부정부패와 비리는 늘 이어져왔습니다. 법 자체가 없거나 부족하거나 잘못되어서가 아니라, 사회적 합의로 만들어졌고 제대로 지켜져야 할 규칙을 무용지물로 만들어버리거나 아예 무시해버리는 일부 계층의 관행이 문제였습니다.

범법이나 불법이 확실함에도 불구하고 세금을 내지 않는 등의 범죄를 저지르거나, 범죄를 저지르고도 제대로 처벌받지 않거나, 끝까지 처벌을 제대로 받지 않음으로서 수많은 적폐를 가능하게 한 것은 일부 기득권의 비리와 청탁, 그리고 정치권과 기업의 결탁이었습니다.

규범이 없어서가 아니라 기존의 규범을 지키지 않거나, 규범의 허점을 교묘히 이용한 결과라고 할 수 있습니다.

문제의식과 원칙이 당연함을 이긴다

적폐는 우리 사회 어디에나 존재하고 있습니다. 어떤 사회에서든 오랜 적폐와 잘못된 관행이 고쳐지고 척결되는 데에는 사회적인 합의는 물론이고 많은 노력과 시간이 필요합니다. 그 첫걸음에서 가장 중요한 것은 기존의 적폐에 대한 문제의식과 반성입니다.

특권층이 누리는 특권이 당연한 것이 아니라는 문제의식, 사회적으로 합의된 원칙을 어기는 자에게는 합당한 처벌이 뒤따라야 한다는 원칙, 원칙을 어기고도 처벌을 받지 않는 경우가 생기지 않도록 시스템을 개선해야 한다는 깨어 있는 의식과 합의가 필요합니다.

경쟁을 할 때는 과정이 정의롭고 누구에게나 투명하게 지켜질 때 공정한 사회에 더욱 가까워질 수 있습니다. 잘못된 것은 지적해야 하고, 파헤쳐야 하며, 대가를 치루어야 합니다. 국민이 이를 인식하는 것도 중요하고, 그에 따라 제도가 개선되는 것도 중요합니다. 이것이 적폐 청산의 기본적인 조건이라 할 수 있습니다.

04

公 | 訴 | 時 | 效

부와 권력에는
무거운 책임이 따른다

많이 받은 만큼 많은 책임을 져야 한다

- 고대 로마 초기에, 귀족과 고위층의 봉사, 기부, 헌납은 그들의
의무이자 명예였다. 특히 귀족은 명예를 위해 기꺼이 전투에 참여
했다. 로마 건국 후 500년 동안 원로원에서 귀족의 비중이 15분의
1로 급격히 줄어들었는데, 이는 계속되는 전쟁에 참전한 귀족이
대거 희생되었기 때문이다.

- 500년 전통으로 영국의 고위층 자제들이 다녔던 명문 학교 '이튼 칼리지Eton College'의 교내 건물에는 제1차 세계대전, 제2차 세계대전에 참전했다가 전사한 졸업생의 이름이 명예롭게 새겨져 있다. 전사자 수는 제1차 세계대전 때 1,157명, 제2차 세계대전 때 748명으로 총 2,000명에 달했다.

- 6 · 25 전쟁 당시 미군 장성의 아들 중 142명이 참전해 그중 35명이 사망하거나 부상을 입었다. 미8군 사령관 밴플리트의 아들은 야간폭격 임무 중 전사했으며, 아이젠하워 대통령의 아들은 육군 소령으로 참전했다.

- 미국 35대 대통령 존 F. 케네디John F. Kennedy, 1917~1963는 1961년 대통령 취임 연설에서 "많은 것을 받는 사람에게는 많은 책무가 요구된다Much is given, much is required"라고 했다.

서양 역사에서 위의 일화들이 알려주는 공통점이 있습니다. 그것은 바로 사회 고위층과 지도층에게는 그들이 가진 권력의 무게만큼 무거운 의무와 책임이 요구된다는 것입니다.

이를 서양에서는 '노블레스 오블리주noblesse oblige' 라는 말로
표현했습니다.

사회적 책임을 다하지 않는다면?

'노블레스 오블리주' 의 의미는 '높은 사회적 신분에 상응하
는 도덕적 의무' 입니다.

프랑스어로 '고귀한 신분귀족' 이라는 뜻의 '노블레스
noblesse' 와 '책임' 의 의미인 '오블리주oblige' 를 합친 단어로,
프랑스 사전에는 '귀족 계급이란 자신의 이름에 명예가 되는
의무를 스스로 만들어낸다La noblesse cree le devoir de faire
honneur a son nom' 라고 풀이되어 있습니다. 이 단어는 1808년
프랑스의 정치가 가스통 피에르 마르크가 처음 사용했습니다.

더 거슬러 올라가면 기원전 8세기의 시인 호메로스의《일리
아스》에도 언급되어 있는데,《로마인 이야기》를 쓴 시오노 나
나미는 "로마 제국 2000년 역사를 지탱해준 힘은 노블레스 오
블리주의 철학" 이라고 썼습니다. 그만큼 서양 역사에서는 고

위층과 지도층의 사회적 책임을 중요시했습니다.

　융성했던 고대 로마가 급격히 쇠퇴한 데에는 여러 원인이 있었으나, 제정 시대 이후 귀족 계층의 도덕성이 무너지고 절대 권력이 개인에게만 집중되면서 쇠락의 길을 걷게 된 것이 주된 원인이었습니다. 귀족과 지도층이 보여주던 책임의식이 무너지면서 그 사회도 함께 무너졌던 것입니다.

선의를 기대하기 전에 제도부터 개선해야 한다

　노블레스 오블리주의 관점으로 보았을 때, 우리나라의 상황은 어떨까요?

　흔히 우리나라의 권력층, 사회 지도층, 기업인, 경제인, 정치인에게는 '탈세, 투기, 불법 증여, 병역 비리, 입시 비리, 사학 비리, 취업 비리' 등의 꼬리표가 붙는 경우가 허다합니다. 이러한 꼬리표는 부유층과 권력계층의 '갑질'로 표면화되어 사회적 공분을 자아내고 있습니다. 이것이 우리 사회의 적폐의 핵심입니다.

사실 우리나라 현대사에서 적폐는 일제 강점기 때부터 현재까지 쌓여왔습니다. 일제의 부와 권력에 결탁한 친일파가 해방 후에 제대로 청산되지 않았고, 이들이 오늘날 우리 사회의 부와 권력을 독식한 고위층으로 군림하게 되었기 때문입니다.

역사가 오래되고 뿌리가 깊은 만큼 적폐 청산은 간단한 문제가 아닙니다. 조부모 세대부터 3대, 4대를 거쳐 '사회적 무책임' 과 '부도덕' 을 세습해온 계층에게 갑자기 선의의 '사회적 책임' 을 기대하기란 거의 불가능한 일이 되어버렸습니다.

따라서 부와 권력을 잘못된 방법으로 독식하는 경제인과 정치인이 그들의 사회적 책임을 다하도록 하려면, 그들이 순수한 노력으로 쌓지 않은 부분에 대해서 사회적 환원과 분배가 공정하게 이루어지고 잘못에 대해 대가를 치르도록 하는 제도를 확립해야 합니다. 이런 사회적 합의를 통해 상층부가 책임을 지도록 해야 승자 독식의 불법과 편법이 개선되어 그 사회가 나아질 수 있습니다.

05

公 | 訴 | 時 | 效

그들의 점수는
몇 점인가?

노블레스 오블리주의 민낯

우리 국민은 사회 고위층과 부유층의 도덕적 수준과 의무를 말하는 '노블레스 오블리주'를 어떻게 평가하고 있을까요?

시장조사전문기업 마크로밀엠브레인의 트렌드모니터가 전국 만 19~59세 성인 남녀 1,000명을 대상으로 노블레스 오블리주에 대한 인식조사를 실시한 결과, '노블레스 오블리주가 한국 사회에서 잘 실천되고 있다'고 바라보는 시각은 단 3.9%에 불과한 것으로 조사되었습니다. 사회권력층에 속한 사람들이 사회적 책임은 다하지 않고 기득권을 지키는 데만 급급하다는 평가는 무려 76.6%에 달했습니다.

　노블레스 오블리주의 실천에 대한 부정적인 인식은 성별과 연령에 관계없이 공통적인 모습이었습니다.

　한국의 상류층에 대한 도덕성 평가에서도 이들의 점수는 사실상 낙제점에 가까웠습니다.

　먼저 '국회의원과 정치인이 얼마나 도덕적인가'를 묻는 질문에 '도덕적이라고 생각한다'는 의견은 단 0.4%뿐이었습니다. 마찬가지로 재벌 대기업 임원과 재벌가 사람들0.7%, 고위 공무원과 관료0.9%, 법조인3.7%, 연예계 종사자6.7%, 언론인8.8%, 의사, 교수 등 전문가11.3%도 매우 좋지 않은 평가를 받고 있었습니다.

사회지도층은 책임을 다하지 않고 있다

반면 노르웨이, 뉴질랜드, 스웨덴, 캐나다, 영국 등 '사회적 신뢰'가 높다고 평가되는 국가에서는, '누가 주도적으로 노블레스 오블리주를 실천한다고 생각하느냐'는 질문에 재벌 대기업 임원과 재벌가 사람들62.4%, 중복응답, 국회의원과 정치인 56.7%, 고위 공무원과 관료51.9% 등 우리나라에서는 도덕성 문제로 가장 비판받는 집단이 주를 이뤄 대조적인 모습을 보였습니다.

또한 '국가가 위기에 처할 때 솔선수범하고, 공공의 이익을 늘리기 위해 노력한다'고 생각하는 사람도 거의 없다시피 했습니다.

당연하게도 '우리나라에는 존경할 만한 높은 교양을 가진 상류층이 많다'고 생각하는 사람들은 8.6%로 매우 적은 수준이었으며, 4.4%만이 '상류층이 사람들로부터 존경을 받고 있다'는 생각을 하고 있었습니다.

한편, '우리나라 상류층들은 법을 위반하는 경우에만 사회적 기부를 약속한다'는 인식이 67.7%에 이르고 있어, 우리사회에서는 노블레스 오블리주가 자발적으로 이뤄지기보다 그저 '면피용'에 머무는 수준이라는 인식이 지배적이라는 것을 알 수 있습니다. 특히 남성남성 72.6%, 여성 62.8%과 고연령층20대 60.4%, 30대 63.6%, 40대 70%, 50대 76.8%의 이런 생각이 큰 편이었습니다.

불공정하게 부를 축적하는 상류층

또한 전체 90.5%가 '한국 사회 상류층은 자신의 이익에 민감하다'고 생각하는 가운데, 우리나라의 사회적 신뢰가 낮은 이유를 '상류층의 자기 이익 추구'에서 찾는 시각이 무려 81.7%에 달했습니다.

상류층이 가진 부의 형성 과정과 대물림에 대한 부정적인 견해도 상당했습니다.

먼저 '한국 사회 상류층의 부의 축적과정이 투명하고 공정하다'고 생각하는 사람은 고작 1.3%에 불과했고, 전체 77.1%는 '우리나라 상류층들이 대부분 부모의 부와 명예를 물려받아

성공한 사람들'이라는 시각을 가지고 있었습니다. 또한 '상류
층이 자신의 실력보다는 운이나 편법으로 성공한 사람들'이라
는 의견에도 동의하는 응답53.3%이 비동의 응답21.1%보다 훨씬
많았습니다.

반면 '상류층은 자신의 노력으로 성공한 사람들'이라는 데
공감하는 응답자는 전체 10명 중 1명9.7%뿐이었습니다.

노블레스 오블리주 실현 위해 투명한 납세부터

상류층에 대한 전반적인 부정적 시각을 반영하듯 전체 10명
중 9명91.9%은 노블레스 오블리주가 한국 사회에 반드시 필요
하다는 인식을 가지고 있었다.

노블레스 오블리주의 실현을 위한 적절한 실천 방법으로는
투명한 납세86.5%를 꼽는 의견이 가장 많았습니다. 그다음으로
하는 일의 투명성과 전문성 강화75.3%가 필요하다는 의견도 매
우 많았으며, 저소득층과 소외층에 대한 직접 기부53.9%, 금전
적 기부48.3%, 재능기부34.1%, 자선행사 참여28.5%를 노블레스

오블리주의 좋은 실천 방법이라고 생각한다는 의견이 뒤를 이었습니다.

한편 갑질 논란을 불러일으키며 이슈가 된 소위 '땅콩 회항 사건' 과 관련해서는 거의 대부분이 잘 인지하고 있는 가운데 98%, 사건에 대한 법적 처벌이 상당히 미흡하다는 의견이 주를 이루는 것으로 조사되었습니다. 53.5%는 땅콩 회항 사건의 법적 처벌 수준에 대해 상당히 부족한 판결이며, 더 강경하게 처벌해야 한다고 의견을 밝혔습니다. 특히 연령이 낮고 진보적 성형을 가질수록 처벌 수준을 높여야 한다는 생각을 많이 가지고 있었습니다.

지금까지의 여론 재판으로도 충분히 단죄받았기 때문에 추가적인 처벌은 안 해도 된다는 의견은 4.4%에 불과했습니다.

06

公 | 訴 | 時 | 效

생활 속 적폐를
청산해야 하는 이유

적폐 청산의 현실

문재인 정부 출범이 2년 되어 갑니다. 지난 2년은 곧 적폐 청산 2년이었습니다. 전前 정권에 대한 국민의 실망이 컸던 만큼 청산되어야 할 적폐도 많았지요.

과거 권력형 비리 청산을 보는 국민의 기대와 지지도 컸습니다. 박근혜·이명박 전직 대통령의 구속은 당연하게 받아들여졌습니다. 여기서 파생된 국정농단의 폐해들 역시 청산 대상임에 국민 모두가 공감했습니다.

이제 그 기나긴 작업을 마무리해야 할 때라는 목소리가 높아지고 있습니다. 적폐 청산을 보는 국민의 시선이 냉랭해졌습니다. 큰 틀에서 국정 기조를 바꿀 때가 된 것입니다.

대통령도 정부도 이를 잘 알고 있습니다. 대통령이 앞장서서 포용국가를 선언했습니다. 적폐 청산의 대상을 정치·권력형 비리에서 생활형 비리로 옮겨야 한다는 주장도 나왔지요. 그 상징적인 선언이 생활적폐 근절 추진 선언입니다.

문재인 대통령이 반부패정책협의회를 주재했습니다. 여기서 8대 생활 적폐 종합대책을 보고 받았습니다. 8대 생활 적폐는 채용 비리, 학사 비리, 불공정 갑질, 부당한 사익 편취, 재개발·재건축 비리, 공적자금 부정 수급, 안전사고 유발 부패 행위, 탈세 등으로 정리되었습니다.

분명 지난 2년간 쫓던 적폐와는 달랐습니다. 정치 부패, 권력 부패, 구조적 비리가 아니라 말 그대로 국민 생활 속에 뿌리 내린 고질적 적폐입니다. 그 피해도 일반 국민의 생활에 직접 미칩니다.

적폐는 정치권만의 문제가 아니다

학사 비리의 피해자는 억울한 학생입니다. 불공정 갑질의 피해자는 경제적 약자인 일반 서민입니다. 재건축 · 재개발 비리가 빼앗는 것은 집 없는 서민의 꿈입니다. 공적자금 부정 수급은 병들고 보호받아야 할 피해자들에 돌아갈 지원금을 편취하는 행위입니다. 이런 생활 적폐들을 뿌리 뽑는 것이 8대 생활 적폐 청산 선언이었습니다.

때마침 발표된 경찰의 자료도 있습니다. 경찰청이 2018년 7월부터 10월까지 벌인 생활 적폐 사범 적발 통계인데요, 무려 5,000여 명이 적발되었다고 합니다. 재건축 · 재개발 비리 사범이 2,046명으로 가장 많았고 불법 전매나 청약통장 매매 등으로 정상적인 시장 질서를 교란했습니다. 사무장 요양병원 사범도 1,935명이나 적발되었습니다. 요양 급여 등 혈세를 곶감 빼먹듯 편취했습니다. 토착 비리, 인사 채용 비리 등도 적발되었습니다.

어찌 보면 경찰의 기본 업무입니다. 군이 '5,000명 적발'

통계 앞에 '생활 적폐 사범'이라는 문패를 달 필요가 있나 싶기도 합니다.

그럼에도 이 발표에 의미를 두려는 것은 수사가 갖는 사회적 역할 때문입니다. 모든 범죄 수사에는 일반 예방적 역할이 있습니다. 생활 적폐는 반드시 처벌된다는 사회적 경고의 의미가 필요합니다. 때마침 대통령까지 나서 생활 적폐 수사에 대한 의지를 밝혔으니 그 필요성은 더욱 커졌다고 할 수 있습니다.

생활 적폐 수사는 내 동네, 내 이웃, 내 가정을 침범하는 생활 적폐를 근절시키는 수사입니다. 모든 국민이 원하는 수사입니다. 이 수사가 일상으로 자리 잡은 사회가 바로 정상 사회입니다.

07

公 | 訴 | 時 | 效

적폐 청산을
가로막는 구조는 무엇?

고발 근거는 바로 공소시효 시점

지난 2018년 11월, 한 시민단체가 이명박 전 대통령을 검찰에 재고발한 일이 있었습니다. 이 전 정부가 구 외환은행현 KEB 하나은행의 탈세 혐의를 방조했다는 것입니다.

앞서 이 단체는 외환은행이 법인세를 줄였다가 2006년 세무당국으로부터 수천억 원대의 세금을 추징당하자 MB 정부 최고위층을 상대로 로비를 벌여 과세와 형사 고발을 무력화했다며 검찰에 고발장을 제출한 바 있습니다. 아울러 관련자들의 국세 횡령 혐의도 수사해야 한다고 촉구했습니다.

이 사건의 중심 이슈 역시 조세법 '공소시효' 라 할 수 있습니다. 당시 시민단체가 이 전 대통령을 고발한 것은 "탈세 의혹의 공소시효 기산 시점은 법인세 납부 시점인 2007년 3월이 아니라 조세심판원으로부터 불법 환급 결정을 받은 2009년 9월로 봐야 하므로 아직 공소시효가 남아 있다" 라는 주장 때문이었습니다. 기산시점을 2007년 3월로 보면 공소시효 만료 시점은 2017년 3월이 되는 셈이었습니다. 즉 '시점이 바뀌면 공소시효도 바뀐다' 는 것입니다.

공소시효 적용, 왜 중요한가?

이명박 전 대통령은 2017년 9월 자신의 SNS를 통해 "안보가 엄중하고 민생 경제가 어려워 살기 힘든 시기에 전전 정부를 둘러싸고 적폐 청산이라는 미명하에 일어나고 있는 사태를 지켜보고 있다"며 "이러한 퇴행적 시도는 국익을 해칠 뿐 아니라 결국 성공하지도 못한다"는 내용의 글을 올려 많은 논란을 불러일으켰습니다.

그러자 당시 더불어민주당에서는 "국익과 국민을 위한 일이라면 5년, 10년, 100년의 시간은 전혀 중요하지 않다. 적폐를 청산하는 일에는 공소시효가 없다"라고 일침을 가한 바 있습니다. 적폐 청산과 정치 보복에 관한 전·현직 정치인들 간 입장 차이의 중심에 있는 핫이슈도 다름 아닌 '공소시효' 임을 알 수 있는 대목입니다.

공소시효가 논란의 핵이 되는 이유는 고액의 세금 탈세를 포함한 정치인·경제인의 범죄가 공소시효 만료로 인해 제대로 처벌되지 못하고 있으며, 이것이 우리나라의 뿌리 깊은 적폐를 양산하고 공정사회로의 발전을 저해하는 주된 원인이기 때문입니다.

08

公 | 訴 | 時 | 效

재벌의 범죄행위가
계속되는 이유

공소시효의 허점을 이용한 기업들

실제로 국내 주요 재벌 기업인들의 거액의 탈세 혐의가 '공소
시효가 지났다'는 이유로 제대로 추징되지 못한 사례들은 우
리 사회에서 너무나도 빈번하게 발생했습니다.

예를 들어 이건희 삼성전자 회장의 경우, 2008년 삼성 비자
금 수사 이후로도 480여 개의 차명계좌를 통해 수천억 원어치
의 주식을 팔아 거액의 세금을 포탈했으나, 대부분의 혐의는

공소시효가 지났고 극히 일부의 양도소득세 탈루 혐의만 공소시효가 남았습니다.

서울중앙지검 조세범죄 조사부는 2018년 3월 경찰이 송치한 이건희 회장의 차명계좌 222개 외에 260개 차명계좌를 추가로 적발, 총 482개의 차명계좌를 통해 거래된 주식 양도소득세 85억 원을 탈세했음을 2018년 12월 27일에 밝혔습니다. 이는 특정범죄 가중처벌법의 조세포탈에 해당되는 범죄입니다.

이전의 양도소득세 포탈 세액 규모는 2007년 21억6,000만 원, 2010년 42억4,000만 원이었습니다. 여기에 검찰이 추가 적발한 260개 차명계좌에서 2007년 이후 주식 양도액171억 원 관련 포탈세액13억7,000만 원이 추가되었는데 이에 대한 공소시효는 살아 있었습니다. 양도소득세에 10% 세율로 부과되는 지방세도 탈루액에 합산되었습니다.

입원 이유로 기소중지

이건희 회장은 2008~2009년에도 세금을 포탈했으나 이는 혐의에 포함되지 않았습니다. 그 이유는 포탈 금액이 5억 원 미만이라 공소시효법상 혐의가 될 수 없었기 때문입니다. 이처럼 엄연히 밝혀진 거액 탈세 혐의도 '공소시효가 지났느냐 아니냐'에 따라 혐의가 되기도 하고 혐의에서 제외되기도 하는 것이 공소시효법의 문제점으로 지적되고 있습니다.

검찰은 이건희 회장이 전·현직 임직원 명의로 주식을 분산해 고의로 세금을 내지 않았다고 판단했으나, 2014년 쓰러진 이 회장의 건강 상태를 고려해 '시한부 기소중지'를 결정했습니다.

이 밖에도 2009~2014년에 진행된 이건희 회장 일가의 자택 공사에 삼성물산의 회삿돈 33억여 원이 투입되어 이 회사 임직원 3명이 불구속 기소되었는데, 이는 특정경제범죄 가중처벌법의 횡령에 해당됩니다. 검찰은 이건희 회장이 횡령을 지시했을 것이라 판단했으나 이 역시 시한부 기소중지 처분을 했습니다.

수백억 원을 탈세해도 공소시효만 지나면 무효?

한편 수백억 원대의 탈루, 횡령과 배임 의혹, 그리고 이른바 '땅콩 회항', '물컵 갑질' 등 여러 사건으로 전 국민적인 공분을 일으킨 재벌 일가의 수장인 조양호 한진그룹 회장의 상속세 탈루 혐의도 '공소시효 만료'라는 이유로 제대로 처벌 · 추징되지 못해 한 번 더 국민의 분노를 사게 되었습니다.

사건을 담당한 검사김범기 서울남부지검 2차장검사, 김영일 서울남부지검 형사6부장, 최재민 서울남부지검 형사4부장에 따르면 조 회장의 횡령, 배임 금액은 총 274억 원에 이른다고 합니다.

여기에는 그룹 계열사 설립 후 중개수수료로 챙긴 196억 원, 그리고 자녀인 조현아 · 조현민 · 조원태 3남매의 경영권 승계 과정에서 정석기업 자사주 매입으로 손해를 입힌 41억 원, 자신과 조현아 변호사 선임료를 대한항공이 대납하는 방식으로 횡령한 17억 원, 모친과 묘지기, 집사 등을 정석기업 직원으로 올려놓고 급여를 타내는 식으로 손해를 입힌 20억 원 등이 포함되어 있습니다.

재벌의 갑질을 가능케 하는 것은?

2018년 10월 15일 조양호 회장은 특경법상 배임·사기·횡령·약사법 위반·국제조세조정법 위반·독점규제 및 공정거래법 위반 혐의로 불구속 기소되었습니다.

또한 조 회장의 두 동생인 조남호 한진중공업홀딩스 회장, 조정호 메리츠금융지주 회장은 국제조세조정법 위반으로, 조 회장을 도와 수백억 원대의 뒷돈을 챙기고 차명 약국을 차려 부당이득을 취득한 정석기업 대표이사 원모 씨도 기소되었으며 특경법상 배임·사기·약사법 위반, 인하대병원에 대형 약국을 차명으로 개설해 1,500억 원대 부당 이득을 챙긴 약국 운영자 류모 씨와 이모 씨도 재판에 넘겨졌습니다.

조양호 회장 사건은 2014년 고발장이 접수되며 사건 수사가 진행되었으나, 압수수색 3번, 소환조사 2번, 혐의 8개에도 불구하고 구속은 면한 바 있었으며, 검찰로 국세청 고발이 넘어오던 시점에 상속세에 대한 '공소시효가 만료된 상태'라는 이유로 수백억 원의 상속세 탈루 혐의가 1차 구속영장 청구 때도 이미 빠져 있었습니다. 이에 많은 국민이 허탈해하지 않을 수 없는 부분입니다.

적폐의 중심에 있는 공소시효

물컵 갑질 사건으로 물의를 일으킨 딸 조현민 전 대한항공 전무의 경우 특수폭행과 업무방해 혐의가 무혐의로 결론이 났는데, 이에 대해 검찰은 컵을 사람이 없는 방향으로 던진 것이라 '사람의 신체에 유형력을 행사했다고 보기 어렵다' 는 이유로, 그리고 타인의 업무가 아닌 본인의 업무에서 일어난 일이라는 이유로 각각 무혐의 처분을 내린 것이라고 설명했습니다. 이후 조양호 회장의 부인 이명희 씨도 욕설과 폭행 등 상상을 초월하는 갑질 행각으로 국민의 분노를 불러일으켰습니다.

이처럼 재벌 일가들이 비윤리적인 갑질과 범죄를 일삼고 불법을 손쉽게 저지름에도 불구하고 2세, 3세까지 권력과 재력을 유지할 수 있었던 배경에는 적폐를 가능하게 하는 잘못된 구조가 있었음을 알 수 있습니다. 그 중심에 바로 '공소시효' 가 자리하고 있습니다.

09

公 | 訴 | 時 | 效

세금범죄 공소시효법 개정과
공정한 대가

살인죄 공소시효가 폐지되기까지

지난 2012년, 우리나라 법무부는 살인죄의 공소시효를 폐지
하는 형사소송법 일부 개정안을 입법 예고했습니다.

내용인즉슨 국민의 생명 보호와 안전한 사회를 위하여 고의
로 사람을 살해한 살인죄에 대해서는 공소시효를 폐지해야 한
다는 것이었습니다. 구체적으로 살펴보면 형사소송법 253조 2
항에 공소시효의 적용 배제를 신설하여, 사람을 살해한 범죄로

사형에 해당하는 범죄에 대해서는 제249조부터 제253조까지 규정된 공소시효를 적용하지 않는다는 내용입니다.

그 후 2015년 7월 24일, 살인죄의 공소시효를 폐지하는 내용이 담긴 형사소송법 개정안이른바 '태완이법' 이 드디어 통과되었습니다. 이 개정안에 의해, 살인죄를 저질러 법정 최고형이 사형인 경우, 당시 현행 25년으로 되어 있었던 공소시효가 폐지되었습니다. 또한 아직 공소시효가 만료되지 않은 범죄에 대해서도 적용했습니다. 개정된 법안에서 제외된 것은 살인의 고의성이 인정되지 않는 강간치사, 폭행치사, 상해치사 등 상대적으로 형량이 낮은 범죄들이었습니다.

'태완이법' 을 적용받지 못한 태완이

고의적 살인죄의 공소시효가 폐지되기까지는 오랜 국민적 합의와 여론이 뒷받침되었습니다.이 개정법이 '태완이법' 으로 불린 이유는, 1999년 5월 대구에서 발생한 김태완 군당시 6세에 대한 황산 테러 사건이 결정적인 계기가 되었기 때문입니다. 당시 태완 군은 49일간 고통스럽게 투병하다 사망했는데, 테러를 가한 범인이 잡히지 않은 상태에서 공소시효가 만료될 위기에 처했습니다.

이 사건이 알려지자 여론은 들끓었습니다. 이러한 무참한 살인죄에 대해서는 공소시효를 폐지해야 한다는 목소리가 전국을 뒤흔들었습니다. 그리고 마침내 2015년 3월 법 개정안이 발의새정치민주연합 서영교 의원되었습니다.

다만 이 사건은 2015년 7월 10일 태완 군의 부모가 낸 재정신청 기각 결정에 대한 재항고를 대법원이 기각하면서 사건의 공소시효가 만료되었습니다.

태완 군의 사건은 살인죄 공소시효를 폐지하는 계기가 되었음에도, 공소시효가 '만료되지 않은' 범죄에 대해서만 해당되어 정작 태완 군 사건의 경우에는 태완이법을 적용받지 못한 것입니다.

각종 범죄에 대한 공소시효 개정이 세계적 추세

우리나라에서는 2015년이 되어서야 살인죄에 대한 공소시효가 폐지되었지만, 세계 각국에서는 이미 그전부터 살인죄에 대한 공소시효가 폐지된 바 있습니다.

미국의 경우 법정형이 사형인 범죄에 대한 공소시효가 폐지되었으며, 독일에서는 반인륜적 욕구나 고의성에 의해 살인을 저지른 범죄에 대해 공소시효를 적용하지 않습니다.

독일의 경우 독일기본법에 의해 전범자들의 반인륜적 범죄에 대해서는 공소시효를 적용하지 않고 끝까지 추적해 처벌했고, 모든 범죄에 대한 공소시효를 확대했습니다.

일본의 경우 이미 우리나라보다 훨씬 앞선 2010년에 최대 형량이 사형인 12가지 범죄에 대해 공소시효를 폐지한 바 있습니다.

형사법에 나와 있는 공소시효 제도는 범죄자가 어떤 범죄를 저질렀음에도 불구하고 법에서 정한 일정 기간이 지나면 국가의 소추권이 소멸하는 제도를 말합니다. 이러한 사법 관계에서의 소멸시효 제도에 의해, 타인에게 돈을 빌렸어도 일정한 기간이 지나면 갚지 않아도 되는 것이 공소시효의 쉬운 예라 할 수 있습니다.

세금 범죄에 대한 엄벌은 공정사회의 초석

조세와 관련된 공소시효는 우리나라의 사회 구조에서 적폐를 만들고 일부 권력자의 부와 권력을 세습하는 교묘한 수단으로 사용되어왔습니다.

범죄자로 재판받은 역대 대통령도 사면과 복권 이후 더욱 공고하게 재산과 부를 축적하고 은닉할 수 있습니다. 오랜 세월 국민을 분노케 했던 노태우 전 대통령의 비자금 사건 등, 투명하고 공정한 국가 운영을 해치고 대다수 국민에게 박탈감과 좌절감을 주는 공직 관련 범죄가 난무했습니다.

고액의 상습적인 세금 탈세범과 조세 관련 범죄자들은 공소시효가 끝나기만을 기다리며 고액의 재산을 안전한 곳에 숨기기만 하면 되었습니다. 결국 조세에 있어서의 공소시효 제도는 공정한 사회 정의를 훼손시키는 근본적인 원흉이 되었다고 할 수 있습니다.

전문가들은 사회 정의를 구현하고 법치주의가 제대로 자리 잡기 위해서는 공소시효 제도의 수정과 개혁이 불가피하다는 점을 오래전부터 지적했습니다. 살인죄에 대한 법안이 개정되어 공소시효가 폐지되었듯이, 다양화된 사회에서 다양화된 각종 범죄에 대해서 공소시효도 유형별로 재조정되어야 한다는 것입니다.

형사법 체계에서의 공소시효 제도가 국민적 여론에 의해 개정되어 결국 살인죄에 대한 공소시효 폐지가 뒤늦게 이루어진 것처럼, 극악한 범죄와 불공정 사회의 온상이 되는 조세범죄에 대해서도 공소시효가 전면적으로 개정되어야 비로소 공정한 사회로의 초석을 마련할 수 있을 것이 자명합니다.

10

公 | 訴 | 時 | 效

신뢰는
어디에서 오는가?

어떻게 해야 잘살 수 있는가?

IMF 외환위기 이후 우리나라는 중산층이 몰락한 사회가 되었습니다. 중산층은 그 사회의 허리와도 같은데, 중산층이 몰락했다는 이야기는 그 사회의 경제 구조의 허리가 끊어졌다는 이야기와도 다르지 않을 것입니다.

실제로 서민은 자신의 삶을 어떻게 인식하고 있을까요?

평생 몸담을 수 있는 안정적인 직장이라는 개념은 사라진 지 오래되었습니다. 예전에는 일반 직장인이 은퇴 후 자영업에 뛰어드는 것이 일종의 공식처럼 되어, 초보 자영업자가 창업한 음식점이나 치킨집이 너무 많아진 것이 문제가 되기도 했습니다.

그나마 이제는 퇴직 후의 자영업 도전이 더 이상 은퇴자의 공식처럼 여겨지지 않게 되었습니다. 평생을 기울인 노력과 노하우로 자영업을 해온 이들도 경영난으로 줄줄이 도산하는 마당에, 은퇴 후 창업에 뛰어든 초보자들은 십중팔구 큰 빚만 떠안은 채 몇 년 안에 가게 문을 닫아야 하는 일이 너무나 많아졌습니다.

사회 시스템을 못 믿는 이유

첫 직장을 잡아야 하는 청년층은 청년층대로, 아직 은퇴하기에 너무 이른 중장년층은 또 그들대로 누구나 고용 불안정에 시달리고 있습니다. 가계 빚은 늘어가고, 그 결과 평생 뼈 빠지게 일을 하더라도 중년기와 노년기에 안정적인 생활을 영위할 수 없게 되었습니다. 이것이 지금 우리나라의 서민이 처한 현실이라 할 수 있습니다.

평생 일을 하는데도 평생 빈곤에서 벗어나지 못하는 사람, 즉 '워킹푸어'도 늘고 있습니다. 안정적으로 일할 수 있는 일자리가 줄어든 반면 언제 해고당할지 모르는 불안정한 일자리만 늘어났고, 일자리를 잃자마자 사회적 보호 장치 없이 곧바로 빈곤층으로 전락할 위험에 처한 계층의 비율도 매우 높아졌습니다.

무엇보다 심각한 것은 천정부지로 치솟는 주거비용을 비롯한 주거 문제인데, 젊은 세대는 생활비의 대부분을 월세나 대출금 등 주거비용으로 소비할 수밖에 없습니다. 정권이 바뀔 때마다 부동산 대책을 내놓아도 서민이 체감하는 변화는 요원해 보입니다.

그 결과 우리나라는 OECD 국가 중 공교육비 부담, 평균 노동시간, 산재 사망률, 자살률, 노인 빈곤률, 남녀 임금 격차에 있어서 거의 대부분 1위를 차지하고 있습니다. 반면에 어린이와 청소년의 행복지수는 최하위를 차지합니다.

태어나자마자 불공평한 경쟁에 시달리는 사람들

1990년대 후반, IMF 외환위기를 겪은 뒤 우리나라는 매우 짧은 시간 동안 큰 위기를 극복했습니다. 글로벌 금융위기 상황에서도 그 후 국가와 기업의 경제는 수치와 통계상으로는 오히려 성장한 것으로 나옵니다. 그러나 국민 개개인도 국가와 기업의 이러한 경제적 성장을 체감하며 살고 있을까요?

2006년 이후 기업의 소득 증가율은 18.6%였던 반면 가계 소득 증가율은 1.7%였습니다. 쉽게 말해 기업은 성장하는데 서민들의 가계는 쪼들리고 있다는 이야기입니다.

그에 반해 상위 계층은 자신들이 가진 경제력과 사회적 지위를 자식에게 물려주기 위해 수단 방법을 가리지 않습니다. 어떤 방법으로 획득했건 간에, 이미 얻은 부와 지위를 한번 잃으면 정당한 방법으로는 그것을 회복하기 불가능하다는 것을 가진 자들이 너무도 잘 알고 있기 때문입니다.

태어나자마자 어린 아이들도 경쟁을 하게 만드는 복잡한 입시제도는 학생과 학부모를 사교육에 의존할 수밖에 없게 만드는데, 그에 필요한 사교육비는 천정부지로 올라갑니다. 그래서 중산층 이하의 보통 사람들은 자녀에게 충분한 교육 여건을 만들어줄 수 없는 것이 현실입니다. 이 불공평한 입시 경쟁을 뚫고 어렵게 대학에 들어가더라도 그때부터는 본격적인 불공정 경쟁이 시작됩니다.

11

公 | 訴 | 時 | 效

상생만이 신뢰를
구축할 수 있다

불공정한 사회의 특징

대부분의 평범한 사람들은 자신의 미래가 지금보다 더 나아지길 기대하며 '노력'이라는 것을 합니다.

앞날을 위해 공부하거나 일을 하며 열심히 사는 이유는 '노력하면 얻을 수 있는 것이 있다'는 믿음이 없고서는 불가능할 것입니다. 일말의 희망 없이는 아무도 열심히 공부하거나 일할 필요를 느끼지 못할 것입니다.

그러나 사회 구성원 중 어떤 이들은 부단히 노력하는 반면, 또 다른 사람들은 실력이 없고 노력도 하지 않았는데 권력과 재산을 부모로부터 그대로 물려받을 수 있다면, 그 사회는 과연 공정한 사회일까요?

이 권력과 재산을 유지하거나 더 크게 확장하기 위해 불법과 편법을 자행하는 것이 일반화된다면 그 사회는 공정한 사회일까요?

승자 독식의 사회 구조

불공정한 사회란 사회 구성원이 자신의 힘으로 쌓아올린 실력이 아니라, 원래부터 자신의 의지나 노력과 상관없이 갖고 태어나거나, 주어진 배경과 환경에 의해 부와 사회적 지위를 획득하게 되는 사회를 말합니다. 그리고 그렇게 얻은 부와 지위가 다음 세대로 아무런 제약 없이 세습되는 사회를 말합니다.

즉 실력이 없고 노력도 하지 않았는데 권력과 재산을 물려받아 유지되고, 그 과정에서 불법적이거나 비상식적인 행위가 이루어지는 사례가 많아진다면 이미 그 사회는 공정성을 상실한 사회라 할 수 있습니다.

그래서 승자가 많은 것을 독식하고 무한경쟁을 해야 하는 오늘날의 사회에서는 개인의 노력으로 획득할 수 있는 것이 어디까지인지, 그 과정에서 어떤 문제점이나 빈틈은 없는지를 항상 정확히 규명하고 확인해야 합니다. 정부와 시민이 그 과정을 함께 해야 합니다. 그리고 잘못된 것은 고치고 수정해야만 합니다. 그런 하나하나의 과정이 사회적 신뢰를 만듭니다.

빈부 격차가 일반화되다

앞서 통계를 통해 살펴본 것처럼 실제 현실에서는 부와 지위를 얻는 과정도, 그것이 배분되는 과정도 문제가 많습니다.

전 세계 상위 1%에 해당하는 사람들이 전 세계 인구 절반인 35억 명의 재산보다 더 많은 부를 소유하고 있습니다. 세계까지 가지 않더라도 빈익빈 부익부는 우리 사회 곳곳의 다양한 분야에서 나타나는 일반적인 현상이 되어버렸습니다.

예컨대 요즘 어린이와 청소년에게 1순위로 꼽는 장래희망이 바로 '연예인' 인데, 연예인 또한 빈익빈 부익부의 격차가 매우 큰 직업군 중 하나입니다. 실제로 상위 10%에 속하는 연예인이 전체 소득의 90%를 독점하는 반면, 동종업계 종사자의 대부분은 기본적인 생계도 유지하기 어려운 소득으로 연명하는 처지입니다. 열에 아홉은 월수입 60만 원도 벌지 못한다는 조사 결과도 있습니다.

그럼에도 불구하고 꿈 많고 재능 있는 많은 아이들이 '실력을 쌓으면 성공할 수 있으리라' 는 믿음 하나만으로 예체능 기술을 연마하거나 기꺼이 연습생이 되려 하면서 오늘의 배고픔을 참고자 합니다.

실력을 쌓으면 정말 성공할 수 있을까?

연예인뿐만 아니라 다양한 분야에서 나타나는 빈부 격차 현상이 이와 크게 다르지는 않은 것이 현실입니다.

극소수가 대다수의 부와 지위를 획득할 수 있는 상황에서는 아무리 개인이 노력하여 실력과 능력을 갖추더라도 상위권에 진입하지 못하는 경우가 많습니다. 진입 자체가 원천 봉쇄되어 있는 구조가 만들어지기 때문입니다. 즉 노력을 해도 그에 대한 보상을 제대로 받지 못하게 되는 것입니다.

지금 젊은 세대를 좌절하게 하는 것은 '노력하면 잘 살 수 있다' 라는 사회적 합의에 대한 믿음이 상실되었다는 점입니다. 직업적인 성공, 정치적인 권력, 부의 획득 등 거의 모든 성공의 요소가 개인의 실력보다는 환경과 인맥에 의해 좌지우지됩니다. 이런 사회에서 상호 간의 신뢰를 기대하기란 어려울 것입니다.

12

公 | 訴 | 時 | 效

해결해야 할
불신의 씨앗은 무엇?

약자를 도태시키는 사회 시스템의 문제

시장 경제가 건강하게 순환하려면 기업이 정당한 방법으로 이윤을 창출하고, 노동자는 올바른 대우와 대가를 받고, 소비자는 윤리적인 기업의 제품을 소비해야 할 것입니다.

그러나 사회 기반이 탄탄하지 못한 상태에서 시장이 건강하게 통제되지 못하면 국가가 제대로 국민을 보호해주지 못합니다. 시장이 지향하는 유일한 가치인 돈을 중심으로 모든 구조가 삐거덕거리고, 그 틈새에서 불법과 편법이 판을 칩니다. 부자는 더 부자가 되고 가난한 사람은 가난의 늪에서 벗어나지 못하는 구조가 공고해지는 것입니다.

지난 시대에 우리는 개인의 노력으로 능력과 실력을 만들 수 있다고 배웠습니다. 노력만 하면 무엇이든 가능하다는 신화를 믿고 살아왔습니다. 그러나 개인의 노력만으로 통제할 수 없는 빈부 격차와 극단적인 개인주의 등 사회 시스템의 문제에 대해서도 개인이 책임을 져야 할까요?

우리 사회는 누구나 경쟁할 수 있으니 나머지는 개인이 책임을 져야 한다고 강요합니다. 부와 지위, 권력을 갖지 못한 이유가 '개인이 노력을 덜 해서' 라는 것입니다. 그러나 과연 그것을 개인의 노력 부족 탓으로 돌릴 수 있는 것일까요?

기득권층을 견제할 수 있어야 한다

어느 나라나 부자와 기득권자는 있습니다. 인류 역사상 어느 시대를 막론하고 소수의 권력자가 권력을 휘두르는 폐단은 늘 있었습니다. 그리고 그 역사를 통해 '부와 권력이 편중되게 하는 구조를 고쳐야 한다'는 것을 학습했습니다.

그래서 현대 사회에는 소수의 권력자가 권력을 남용하지 않도록 견제하는 시스템을 발전시켜왔습니다. 부를 가진 소수 때문에 다수가 희생되지 않도록 이들을 견제하고, 대다수 국민이 더 나은 환경에서 살 수 있도록 기능하는 것이 바로 국가의 역할이자 정치의 역할이라 할 수 있습니다.

그러나 좋은 환경과 충분한 자원을 가지고도 부자와 재벌 기업, 극소수 권력층만 배가 부르고 대다수 서민은 계속해서 힘든 삶을 살아간다면, 그리고 가난과 빚의 늪에서 벗어나지 못한다면, 그것은 국가 정치가 제 역할을 다하지 못한 증거라 할 수 있습니다.

이 경우 대개 국가가 부유층과 재벌 기업에만 유리한 정책을 교묘하게 추진해왔기 때문인 경우가 많습니다.

법제도의 허점을 찾고 고치고 개선해야 하는 이유

우리나라에서 국가와 국민보다 더 우위를 차지한 권력은 사실상 거대 재벌 기업이라 해도 과언이 아닙니다.

흔히 우리나라 사람들이 정치인이나 재벌 기업에 가지고 있는 사회 통념이라는 것이 있습니다. 대개 정치인의 권력과 재벌의 돈이 결탁하여 국민의 삶을 피폐하게 만든다는 것입니다. 국가가 혼란에 빠져 있고 소수의 권력자가 마음대로 활개치는 상황에서 국민은 더 가난해지고 불행해집니다.

어느 사회에서나 부자는 자기가 가진 것을 잃지 않으려고 온갖 방법을 동원합니다. 여기에 정치가 결탁하여 권력과 부를 그들끼리 나눠 가지기 위해 법과 국가 시스템의 허점을 활용할 때, 불공정한 사회를 굳건하게 해주는 성벽은 더 높고 단단해집니다.

가난한 나라일수록 정부는 부정부패에 썩어가고 각종 정치 시스템과 법제도가 불공정하게 돌아가고 있음을 알 수 있습니다. 이것을 서민이 개인의 노력으로 극복해 성벽을 부술 수는 없습니다.

　따라서 한번 정한 제도라도 끊임없이 되돌아보고, 빈틈을 발견하여 봉합하고, 시대와 상황과 국민의 요구에 맞게 개선할 수 있어야 하는 것입니다. 그래야 그 국가의 시스템이 정체되거나 고장 나는 사태를 방지할 수 있습니다.

13

적폐 청산의 대안은
상생 사회 구축이다

상생이란 무엇을 의미하는가?

《지금, 한국을 읽다》배영 지음의 저자는 우리 사회의 공생과
상생을 논하면서 상생과 공생의 의미를 다음과 같이 제시했습
니다.

〈상생〉

: 둘 이상이 서로 북돋우며 다 같이 잘 살아감.

서로가 관심을 보이며 더 나은 삶을 모색함.

지향점이 같은 이들의 새로운 관계를 전제로 하며, 시너지 효과를

가능하게 함.

〈공생〉

: 서로 도우며 함께 살아감.

다소 수동적인 태도의 관계.

오랫동안 경험을 공유하여, 한몸처럼 움직이는 관계를 의미.

이 책의 저자는 애덤 스미스가 사회가 발전하는 근거인 '분업'을 경제적인 차원에서 논했다면, 사회학자 에밀 뒤르켐은 사회 구성원의 '상호작용'에서 찾았다는 점을 언급합니다.

또한 많은 학자가 예전의 전통사회가 개인의 '기계적 연대'에 기반을 둔 사회였다면, 지금의 사회는 '유기적 연대'에 기반을 두는 사회라고 설명한다고 합니다. 이는 오늘날 발전하는 사회일수록 수동적인 '공생'의 관계가 아닌, 서로 발전하는 '상생'의 관계로 나아가야 한다는 뜻일 것입니다.

위에 제시한 상생과 공생의 뜻에서도 알 수 있듯이 '상생'은

그 사회의 '시너지 효과'를 가능하게 해주는 요소입니다. 서로 돕고 함께 움직이는 '공생'에서 한 발 더 진화한 것이 바로 '상생'하는 사회입니다.

상생하지 않는 사회는 적폐가 쌓인다

우리 사회가 앞으로 진화해야 할 방향이 상생의 사회라는 것은 무슨 의미일까요?

이는 우리 사회가 아직은 유기적이고 조화로운 상생을 이루지 못한 사회라는 뜻이기도 합니다. 이를 극명하게 볼 수 있는 것이 앞 장에서 언급한 것처럼 사회 전반에 만연한 '갑질 문화'와 '금수저 흙수저 계층론'이라 할 수 있습니다.

'갑을 관계=권력관계'로 인식하는 '갑'이 존재하는 한, 그리고 세대를 거쳐 부당하게 세습되고 폐쇄적으로 유지되는 '금수저'의 견제와 독점이 존재하는 한, 상생의 사회를 만들기란 불가능할 것입니다. 개인의 힘이나 노력만으로 상생을 이루기도 어려울 것입니다.

이러한 맥락에서 《지금, 한국을 읽다》의 저자도 다음과 같이 언급했습니다.

> "갑질 문제는 결국 권력의 문제다. 소유하고 있거나 동원할 수 있는 유무형의 자원을 가진 자와 가지지 못한 자 간의 차이는 불평등한 관계를 낳고, 불평등한 관계는 권력의 문제로 이어진다. 위계로 인한 부당한 압력에서 벗어나기 위해서는 효과적인 대안 자원을 마련할 방법이 사회적 약자에게도 열려 있어야 하지만, 그것이 쉽지 않기에 수직화된 갑을 관계는 공고화된다. 게다가 장기화된 경기 침체와 불황은 왜곡된 갑을 관계를 양산하고 강화하는 기반으로 작동한다."

적폐를 은폐할 수 있는 시대는 지났다

일부 국회의원을 비롯해 지방자치단체 정치인의 권력욕과 그것을 휘두르는 횡포, 대기업 임원이나 사주 등 경제인과 거대 재벌의 범죄는 어제오늘의 문제는 아닙니다. 그러나 이들이 사회적 약자를 대상으로 저지르는 갑질, 그리고 그들 자신의 권력과 부를 공고히 하기 위해 저지르는 많은 범죄는 상생이 결여된 우리 사회의 적폐를 적나라하게 보여주는 증거들입니다. 우리 사회에서 갑질 문화와 빈익빈 부익부 현상, 재벌가의 횡포와 경제 범죄를 근절하기 위해서는 그들이 갑질을 편안하게 일삼을 수 있게 하는 시스템을 근본적으로 바꿀 필요가 있습니다.

시대는 변하고 있습니다. SNS가 활성화되어 언론의 성질과 역할 자체도 예전과는 달라졌습니다.

시민의 의식 수준도 크게 높아지고 변화했습니다. '촛불'을 통해 국민의 힘으로 국정농단의 적폐를 직접 척결한 경험을 한 시민들은 이제 무엇을 왜 변화시켜야 하는지를 잘 알고 있고, 사회 곳곳에 뿌리 깊게 스며들어 있는 적폐를 청산하지 않으면 사회가 발전할 수 없다는 것 또한 잘 알고 있습니다.

그동안 당연시되었던 적폐와 기득권의 갑질 문제를 더 이상 수면 아래 감추기만 하기는 점점 더 어려워질 것입니다.

4장.

결론은 무엇인가?

: 근본적인 해결의 핵심은 공소시효다

公 | 訴 | 時 | 效

해외범죄 수익 환수
조사단 설치

끝까지 추적하여 반드시 징수한다

서울특별시의 지방세 징수 조직인 '38세금징수과'. 2001년에 창설된 이 부서는 체납 지방세 징수 전담 조직으로, 국세청이 아닌 서울특별시 소속입니다. 고액 탈세 범죄자들을 끝까지 추적하는 것으로 유명합니다.

일반인에게 '38기동대' 라는 별명으로 불릴 정도로 널리 알려져 있습니다. '끝까지 추적하여 반드시 징수한다' 가 바로 부서의 강령입니다.

38기동대의 주요 업무는 고액의 세금 체납자를 추적하여
각종 탈세 증거를 포착하고 강제 징수 등의 행정제재 조치를
내리는 것입니다. 명칭이 '38세금징수과' 인 이유는 대한민
국 헌법 제38조에 바로 "모든 국민은 법률이 정하는 바에 의
하여 납세의 의무를 진다" 라는 납세의 의무가 규정되어 있
기 때문입니다.

이 부서가 '기동대' 라는 별명으로 불릴 정도로 유명한 이유
는 다름 아닌 철두철미함 때문입니다. 고액의 세금을 체납한
범죄자라면 그가 누구든 끝까지 찾아내고 추적합니다. 상대의
지위와 권력과 신분을 막론하고 가택이든 사무실이든 반드시
찾아가 체납한 장본인을 반드시 대면하는 것으로 유명합니다.

수단 방법을 가리지 않는 재산 은닉

2013년, 38기동대 조사관들은 최순영 신동아그룹 전 회장의

양재동 자택을 수색했습니다. 당시 최 전 회장은 13년째 지방세를 내지 않고 37억 원을 체납한 상태였습니다. 서울시는 세금 독촉장을 여러 차례 보냈지만 최 전 회장은 '모르쇠'로 일관했고 이에 38기동대가 출동하게 되었습니다.

동이 튼 새벽에 자택을 급습한 38기동대는 최 전 회장이 문을 열지 않고 버티자 열쇠수리공을 불러 잠금장치를 땄습니다. 물론 이 모든 과정은 경찰 입회하에 진행했습니다.

최 전 회장 부부는 거세게 반발했으나 조사관들은 아랑곳하지 않고 징수 절차를 밟았고, 지하 1층, 지상 2층 328제곱미터 넓이의 자택을 뒤진 끝에 현금 다발, 명품 시계, 통장 등 1억 3,000여 만 원어치의 금품을 압류할 수 있었습니다. 다만 자택은 압류할 수 없었습니다. 어느 종교재단의 소유로 되어 있었기 때문입니다. 그 종교재단의 이사장은 최 전 회장의 부인이었습니다.

이 과정이 언론에 알려지면서 38기동대는 처음으로 대중적인 유명세를 타게 되었습니다. 이처럼 38기동대는 고액 체납자들의 수단과 방법을 가리지 않는 반발을 무릅쓰고 징수 절차를 진행해야 하는 경우가 허다하다고 합니다.

철두철미한 조사와 전방위적 압박

몇 년 동안 지방세 1억 원가량을 체납한 한 고액 체납자는 강남에 있는 10억 원대의 고급 아파트에 살고 있었습니다. 세금을 체납했음에도 아파트를 압류할 수 없었던 이유는 아파트가 체납자 부인 소유였기 때문입니다.

기동대 조사관들이 경찰을 대동하고 이 체납자 자택을 방문했을 때 체납자는 크게 흥분하며 조사관들과 경찰을 위협하고 소동을 벌였습니다. 그는 가스관을 자르고 라이터를 손에 쥔 채 불을 지르겠다며 난동을 피웠습니다. 경찰이 가까스로 그를 진정시키고 나서야 조사관은 집 안에 있는 고가의 가전제품들에 '동산 압류' 딱지를 겨우 붙일 수 있었다고 합니다.

조사관들은 철저히 정보를 수집하여 단 한 건의 사건도 소홀히 하지 않습니다. 그러나 작정하고 고액의 세금을 체납하는 범죄자들은 대개 온갖 수단을 동원해 재산을 은닉합니다. 고액현금 다발을 다른 곳에 숨기기도 하고, 재산을 다른 사람의 명의로 바꾸거나 몰래 팔기도 하고, 기업을 허위로 부도내거나 위장 이혼도 불사합니다. 다른 사람 명의로 되어 있는 호화 주택에 살며 명품 쇼핑과 해외여행을 하며 살기도 합니다.

이들을 압박하기 위해 38기동대는 가택 수색, 재산 압류, 출국금지 요청, 해외 추적 조사, 검찰 고발 등 다양한 방법을 동원합니다. 체납자의 부동산이 없는 것으로 나오면 숨겨놓은 부동산을 찾아내고, 그 밖의 금융 자산과 친인척 관계와 주변 배경까지 파악해 증거를 잡아내는 것이 이들이 하는 일입니다.

해외로 빼돌린 재산 환수돼야 한다

아울러 현 정부에서는 불법적으로 해외로 빼돌린 재산을 환수하기 위한 적극적인 조치를 취하고 있습니다. 2018년 5월 정부에서 "불법으로 재산을 해외에 도피·은닉해 세금을 면탈하는 것은 우리 사회 공정과 정의를 해치는 대표적 반사회 행위이므로 반드시 근절해야 한다"는 취지하에 해외 범죄수익 환수 조사단을 설치했습니다.

이어 2018년 12월에는 안민석 의원이 "국민의 피와 땀이 비자금으로 둔갑되어 스위스 비밀계좌 등에 은닉된 국정농단 행위자들의 해외 불법재산은 반드시 국가와 국민에게 환수되어야 한다"라고 선언하고 스위스 비밀계좌의 정보 공개를 청구했습니다. 이에 대한 국민적 공감과 제도적 추진이 진행되고 있는 한편, 불법 재산 환수를 위한 제도적 개선이 지속적으로 이뤄져야 할 것입니다.

公 | 訴 | 時 | 效

스위스 비밀계좌
정보공개 청구

해외범죄수익 환수 조사단 설치

〈연합뉴스〉보도2018.5.14.에 따르면 문재인 대통령은 "불법으로 재산을 해외에 도피·은닉해 세금을 면탈하는 것은 우리 사회 공정과 정의를 해치는 대표적 반사회적 행위이므로 반드시 근절해야 한다"고 말했습니다.

문 대통령은 이날 청와대에서 열린 수석·보좌관회의에서 "적폐 청산 일환으로 검찰이 하는 부정부패 사건과 관련해 범죄수익 재산이 해외에 은닉돼 있다면 반드시 찾아내 모두 환수해야 할 것"이라며 이같이 밝혔습니다.

이는 당시 서울지방국세청이 조양호 한진그룹 회장 등에 대한 세무조사를 벌여 조 회장 남매가 부친인 조중훈 전 회장의 해외 보유 자산을 물려받는 과정에서 상속 신고를 하지 않은 데 대한 검찰의 엄정한 수사를 촉구한 것으로 풀이됩니다.

또 문 대통령은 "불법 해외재산 도피는 활동영역이 국내외에 걸쳐 있고 전문가 조력을 받아 치밀하게 행해져 어느 한 부처의 개별 대응만으로 한계가 있다"고 지적했습니다.

이어 "국세청, 관세청, 검찰 등 관련 기관이 함께 참여하는 해외 범죄수익 환수합동조사단을 설치해 추적 조사와 처벌, 범죄수익 환수까지 공조하는 방안을 관련 기관들과 협의해 강구해주기 바란다"고 당부했습니다.

문 대통령은 "뿐만 아니라 우리의 법 제도에 미흡한 점이 있다면 그 개선 방안까지 함께 검토해 마련해주기를 바란다"고 말했습니다.

스위스 비밀계좌 정보공개 청구

또 2018년 12월 12일 〈연합뉴스〉 보도에 따르면 안민석 더불어민주당 의원은 박정희 정권 및 최순실 등의 '스위스 비밀계좌'에 대한 정보공개를 청구하고, 해외 불법 은닉재산의 철저한 환수를 촉구했습니다.

더불어 민주당 국민재산찾기특별위원회 위원장을 맡고 있는 안 의원은 이날 국회 정론관에서 국민재산되찾기운동본부 등 시민단체와 기자회견을 열고 "국민의 피와 땀이 비자금으로 둔갑되어 스위스 비밀계좌 등에 은닉된 국정농단 행위자들의 해외 불법재산은 반드시 국가와 국민에게 환수되어야 한다"고 밝혔습니다.

안 의원은 그간 베일에 가려졌던 스위스 비밀계좌에 대한 접근이 올해부터 가능해진 점을 환영하며 "이제는 과거뿐만 아니라 현재에 이르기까지 모든 스위스 비밀계좌 정보를 국세청 등 사정기관이 확보해 밝히고, 정의를 바로 세우는 일에 기치를 올려야 할 때"라고 강조했습니다.

안 의원은 "이에 문재인 대통령께서 지난 5월 해외 불법재산 환수를 지시하셨고, '해외 불법재산 환수 합동조사단'을 출범시킨 것"이라며 "하지만 지금까지 한 번도 제대로 된 결과가 국민에게 알려진 바가 없다. 불법 은닉재산을 환수하기 위해 발의한 '최순실 특별법'은 자유한국당의 반대로 꿈쩍도 못 하고 있다"고 지적했습니다.

그러면서 "우리는 오늘 박정희 정권의 바로 그 스위스 비밀계좌, 박근혜로 이어지고 최태민, 최순실로 이어져 국정농단 사태에까지 이르게 된 바로 그 스위스 비밀계좌에 대한 정보공개를 정식으로 청구하는 바"라고 천명했습니다.

해외 불법 은닉재산 철저히 환수돼야 한다

안 의원은 특히 박정희 정권의 스위스 비밀계좌 근거를 관련 내용이 담긴 1978년 미국 하원 외교위원회의 '프레이저 보고서'로 제시하기도 했습니다. 해당 보고서에는 '박정희 정권은 이후락당시 중앙정보부장의 아들 이동훈, 박종규 실장, 서정귀박정희 고교 동창이자 동서그룹 회장 등의 명의로 스위스 비밀계좌를 관리·운영했다' 는 등의 내용이 담겨 있었습니다.

안 의원은 "박정희 시절 스위스 비밀계좌를 직접 개설하고 관리했던 당시 중앙정보부와 현재 국정원, 그리고 당시 보안사령부와 현재 군사안보지원사령부는 박정희 정권 및 박근혜, 최순실 등의 비자금 현황을 국민 앞에 낱낱이 공개하라" 고 촉구했습니다.

그는 이어 "국세청과 검찰, 해외 불법재산 환수 합동조사단은 이에 대해 조사를 했다면 조사 결과를 밝히고, 조사하지 않았다면 그 사유와 향후 조사계획을 국민 앞에 투명하게 밝히라" 고 강력하게 요구했습니다.

公 | 訴 | 時 | 效

예외 없는 집행에 따른 법령 신설

2013년 이후 국내 재벌 총수 범죄를 총망라

그런가 하면 현직 국회의원이 직접 국내 재벌범죄의 현황과 문제점을 지적하고 기록으로 남기기도 했습니다. 국회 법제사법위원회 소속인 바른미래당 채이배 의원이 국내 재벌범죄 현황과 문제점, 개선 방안을 총망라한 〈재벌범죄 백서〉라는 국정감사 정책자료집을 발간한 것입니다.

이 자료집은 2013년 이후 재벌 총수 일가의 형사재판 현황을 대기업 집단별로 정리하고 재벌범죄에만 적용되는 특수한 문제점들을 담았습니다.

이 자료집에는 삼성그룹 이재용 부회장과 최지성 전 실장의 국정농단 뇌물사건, SK 최태원 회장의 횡령·배임사건, 롯데그룹 총수 일가의 증여세 포탈 등 경영 비리 사건, 한진그룹 조현아 전 부사장의 땅콩 회항 사건 등 12개 그룹 총수 일가가 형사재판으로 유죄 판결을 받은 사건의 개요와 재판 결과가 들어 있습니다.

또한 재벌 총수들이 이른바 '3·5 법칙' 즉 '3년 징역에 5년 집행유예'를 받고 풀려나는 문제점, 과도한 변호인 접견 허용 문제, 구속 수감 중 이사직 유지 문제 등 재벌범죄에서 나타나는 대표적인 문제점들을 지적하고 이에 대한 개선 방안을 제시했습니다.

재벌 기업가의 잘못은 끝까지 엄벌해야 한다

채이배 의원은 국회에 입성하기 전에는 20년간 재벌 개혁과 기업 지배구조 개선을 위해 활동한 시민운동가로 알려져 있습니다. 그래서 일명 '재벌 저격수' 라는 별명을 갖고 있기도 합니다. 현직 국회의원이 재벌범죄의 현황과 문제점을 망라한 자료집을 발간한 것은 어떤 의미가 있을까요?

이에 대해 채 의원은 다음과 같이 강조했습니다.

"재벌뿐만 아니라 기업을 바라보는 입장이 달라져야 한다. 경영진의 불법, 편법을 막고 그런 행위가 있었을 경우에 책임을 강하게 물어야 한다."

기업가의 잘못에 대해 책임을 묻고 엄벌하는 것을 '반기업적인 것' 으로 오해해서는 안 된다는 것입니다.

2018년 지방선거의 재벌개혁특위 위원장을 역임한 바 있는 채 의원은 과거 장하성 교수를 은사로 만나면서 1998년부터 재벌개혁운동과 경제개혁운동을 했습니다. 그가 말하는 재벌개혁운동은 '각자가 가지고 있는 작은 권리를 이용해서 큰 권력을 견제하고 감시하자는 역할이 가능하다는 것, 즉 소액주주의 힘으로 재벌을 바꾸자는 것'이며, 이 부분은 민주주의 원리와도 일맥상통한다고 이야기합니다.

갑질 문제는 빙산의 일각

그는 지금까지 공정거래위원회가 개혁 자체보다는 갑을 관계 문제에만 초점을 맞춰왔던 점, 대기업들의 후진적인 경영 승계 문제를 짚고 넘어가야 한다는 점 등을 지적하면서, "재벌 문제는 모든 부처가 전방위적으로 나서야 하는 문제"라는 점을 강조했습니다.

예를 들어 한진그룹의 조양호 회장 일가의 문제는 공정위, 금융위의 문제일 뿐만 아니라 관세청의 문제이기도 하다는 것입니다.

"민주주의에서 국회를 잘 만들어야 행정부를 견제, 감시하는 역할을 잘 수행하듯이, 그런 틀을 가지고 재벌개혁 문제를 바라봐야 한다."

부당한 권력을 견제할 수 있어야 진짜 자본주의다

채이배 의원은 결국 "경제 권력에 대해서도 보이지 않는 손, 즉 작은 힘들이 모여 권력을 견제하고 감시할 때 왜곡되거나 잘못된 방향으로 가지 않도록 조정될 수 있"는 것이 자본주의라고 말합니다.

채 의원은 대한항공 조현아, 조현민 씨의 경영 복귀를 방지하는 항공사업법 개정안을 발의하기도 했는데, 여기에는 "항공사업법 상에서 항공보안법이나 안전법을 위반한 사람은 임원으로 채용할 수 없도록 하는 내용", "불법행위를 한 사람들은 경영 복귀를 못하도록" 하는 내용이 포함되어 있습니다.

아울러 임원들의 범죄 경력을 공개하여 주주들이 회사 임원을 뽑을 때 범법·범죄자를 거를 수 있도록 하는 방법도 추진하고 있다고 언급했습니다.

구시대 왕조 같은 기업구조 폐단은 개혁되어야

재벌 기업들의 구시대적인 세습 경영은 많은 문제를 양산하고 적폐를 만드는 원인이 되고 있습니다.

이와 관련해 채이배 의원은 LG 구본무 회장 사망 후, 양자인 조카가 장자라는 이유로 경영권을 물려받은 것에 대해 "지금이 왕조시대도 아니고 LG는 왕조도 아니다"라고 꼬집었습니다. 이러한 후진적인 경영권 세습 원칙은 반드시 개선되고 수정되어야 할 구조적 문제이기 때문입니다.

"승계 과정에서 나타나는 불법과 편법, 비상식적인 원칙들을 바꾸기 위해 지배구조 개선에 대한 문화를 바꿔야 한다"는 것이 그의 주장입니다.

기업의 지배구조 문화가 변화해야 우리 사회 전반의 고질적인 병폐와 구태의연한 불공정 관행, 오래된 적폐도 비로소 개선될 수 있습니다.

재벌 문제를 굳이 자료집으로 남긴 채 의원의 발간 취지는 다음과 같았습니다.

"검찰과 사법부가 재벌범죄에 유독 관대하다는 국민의 법 감정이 근거 없는 비판에 불과한지, 아니면 실제로 명백한 편향성이 존재하는지 실증적으로 분석하고자 한다."

그가 지적한 '비정상적인 사법 현실'은 한국 사회 전반에 걸쳐 자행되고 있는 '비정상적인 적폐 현실'과 맞닿아 있습니다.

반성이 있어야 개혁이 일어날 수 있습니다. 재벌들의 불법과 범법을 가능하게 하는 하나의 수단인 공소시효 개정 역시 반성의 연장선상에서 가능해질 것입니다.

公 | 訴 | 時 | 效

미납세금
끝까지 추징해야 한다

범죄수익 환수 추징금 미납액 26조, 집행률은 겨우 12%

2018년 10월 12일 〈이데일리〉 보도에 따르면 범죄 이익에 대한 환수 수단인 추징금 미납 액수가 26조 원에 달했습니다. 전두환 전 대통령, 김우중 전 대우그룹 회장 등 고액 추징금 미납자뿐만 아니라 100만 원 이하의 소액 미납 추징금도 6,000여 건에 달한 것으로 집계되었습니다.

채이배 바른미래당 의원이 법무부로부터 제출받은 자료에

따르면 2018년 8월 말 현재 전체 3만3,621건26조 7,390억 원의 추징금 부과에서 최종 환수된 경우는 4,192건997억 원이었다. 건수 기준 집행률은 12.5%에 그쳤습니다.

추징금 미납금 가운데 1억 원 초과 체납 건수는 3,768건으로 전체 체납금액의 98%를 차지했습니다. 이 중에서 김우중 전 대우그룹 회장이 22조 원을 미납했고 전두환 전 대통령이 1,042억 원의 추징금을 미납했습니다. 전체 미납 추징금의 87%를 두 사람이 차지하고 있는 셈입니다.

그러나 100만 원 이하 소액 추징금에 대한 미납 건수도 6,251건에 달했습니다. 체납 추징금 5건 중 1건은 소액 체납건입니다. 10만 원 이하 소액 추징금을 안 낸 경우도 1,363건으로 나타났습니다.

범죄수익 환수 인력 10명이 3만 건 담당

채 의원은 소액 체납 추징금의 환수가 부진한 이유는 검찰의 범죄수익 환수 인력이 턱없이 부족하기 때문이라고 설명했습니다. 실제 전국 검찰청에서 미납 추징금 환수를 담당하는 인력은 총 10명에 불과합니다. 관계자의 설명에 따르면 담당자 10명이 3만 건에 달하는 추징금을 환수하기 때문에 소액 추징금 환수가 어렵다는 것입니다.

채이배 의원은 "추징금은 범죄수익이라는 점에서 금액의 많고 적음을 떠나 예외 없이 집행되어야 한다"며 "범죄자의 추징금 미납액을 공공정보로 등록해 신용정보에 반영되도록 하는 등 추징금 납부율을 높일 제도정비 방안과, 환수 인력이 부족하다면 검찰이 금융당국과 협의해 자산관리공사에 미납 추징금 추심을 위탁하는 방안을 모두 검토해야 한다"고 제안했습니다.

05

公 | 訴 | 時 | 效

귀신 잡는 기동대도
따돌린 세금도둑은?

고액 체납자 징수 어떻게 이루어지나?

체납금 징수 과정은 다음과 같이 진행됩니다.

1. 독촉장 발송

납부기한 내에 세금을 내지 않은 사람에게는 '세금을 내지 않으면 50일 이내에 강제징수 예비 절차에 들어간다' 라는 내용을 담은 독촉장을 보냅니다. 이때 '강제징수' 란 체납자의 재산 및 거주지 조사를 거쳐 압류할 재산을 공매_{강제 매각}하는 절차를 말합니다.

2. 재산 조사 및 파악

38세금징수과에서는 체납자의 재산을 조사하여 그가 세금을 낼 능력이 있는지를 먼저 알아봅니다. 사실 고액 체납자가 아닌 일반적인 체납자의 경우 세금을 내고 싶어도 낼 능력이 없어서 못 내는 경우가 많습니다. 부동산이나 차량 등 채권을 확보할 재산이 없어 주소지 상의 거주지로 찾아가보면 그곳에 살고 있지 않거나 각종 고지서만 현관문 앞에 잔뜩 쌓여 있기도 합니다.

반면 38기동대가 추적하는 주요 대상인 1,000만 원 이상의 고액 체납자의 경우, 분명히 서류상 재산은 없는 것으로 되어 있는데도 고가의 호화로운 주택에 살고 있는 경우가 많습니다. 이런 경우 대부분은 숨겨놓은 재산이 더 많기 때문에, 조사관들은 이런 재산을 조사하고 수색해야 합니다.

3. 가택 수색

수색을 위해서는 조사관들이 자택이나 영업장을 직접 찾아갑니다. 이 가택 수색 과정은 검찰 압수 수색과는 조금 다릅니다. 세무 공무원은 지방세 징수법 제35조에 따라 재산을 압류하기 위해 체납자의 집을 수색하거나 잠금장치를 열 수 있습니다. 조세범을 조사할 수 있는 사법권이 주어지는 것이기 때문에 영장이 필요 없습니다.

가택 수색에는 대개 3명 정도의 조사관들이 참여합니다. 고액을 체납한 범죄자 중에는 고급 주택에 거주하며 경비실에서부터 외부인 출입을 철통같이 제한하는 경우가 많습니다. 이 과정에서 체납자가 문을 열어주지 않거나 자리를 피하여 조사관들이 새벽부터 집 앞에서 잠복하기도 하고, 가까스로 집 안으로 들어가도 극심한 반발을 제지해야 하는 경우도 있습니다. 해가 뜨기 전이나 해가 진 후에는 가택 수색을 하지 않는 등의 원칙도 있습니다.

물리적인 위협이 있을 때는 경찰 입회하에 진행합니다. 경찰 입회하의 수색에 반발할 경우 공무집행방해죄가 성립될 수 있는데, 요즘에는 많은 체납자들이 이 사실을 알게 되어 무리한 반발을 못 한다고 합니다.

귀신 잡는 기동대도 잡지 못한 세금도둑은?

그러나 '귀신 잡는' 38기동대가 끝끝내 발걸음을 돌릴 수밖에 없었던 체납자도 있습니다. 바로 전두환 전 대통령입니다.

38기동대 조사관들은 지난 2018년 4월 전두환 전 대통령의 연희동 자택을 방문했다가 "다음에 다시 오라"는 말에 헛걸음을 한 후, 2018년 연말에 다시 자택을 방문하여 당사자 면담을 요청했습니다.

당시 38기동대 조사관들은 전 전 대통령의 집 안으로 들어가는 것까지는 성공했습니다. 그러나 당사자 대신 비서관이 나와 "전 전 대통령이 알츠하이머에 걸려서 치매 때문에 사람을 못 알아본다"라고 했습니다. 결국 조사관들은 당사자를 대면하지 못하여 압류 등의 기본적인 징수 절차를 더 이상 진행하지 못하고 철수해야 했습니다.

전두환 씨는 국세 31억 원, 지방세 9억8,000만 원가량을 체납한 상태였습니다. 서대문구 체납액 순위 1위에 해당하는 엄연한 탈세 범죄였습니다. 검찰이 전두환 씨에게 부과한 추징금은 총 2,200억 원으로, 그중 1,200억 원가량은 환수한 것으로 알려졌습니다. 살고 있는 자택은 부인과 며느리 명의의 집으로 되어 있으며, 그 외에 숨겨놓은 재산이 있을 것으로 파악되었습니다.

지난해 서울시 지방세 징수율은 98.2%. 대다수 우리나라 국민의 세금 징수율과 납세의식은 선진국 수준으로 높은 편으로 알려져 있습니다.

그에 비해 소수의 고위층 체납자들이 엄청난 액수의 세금을 내지 않고 있는 것입니다. 2018년 38기동대에서 징수한 체납 세금만 약 400억 원이었습니다. 소수의 고액 체납자가 저지르는 조세범죄가 이 사회의 적폐를 양산하고 있는 셈입니다.

06

公 | 訴 | 時 | 效

고액 상습 체납자
얼마나 되나?

한 해 동안 내지 않은 세금만 5조 원 이상

지난 2018년 12월, 국세청은 2억 원 이상의 국세를 1년 이상 내지 않은 개인 5,021명, 법인 2,136개를 포함한 고액·상습 체납자 7,157명의 명단을 공개했습니다. 이 중에는 "수중에 29만 원밖에 없다"라는 발언으로 널리 회자된 전두환 전 대통령, 그리고 100억 원의 부당 수임료를 챙긴 최유정 변호사가 포함되어 있었습니다.

전 전 대통령은 양도소득세 등 30억9,000만 원의 세금을 내지 않았는데, 가족 소유의 재산을 공매 처분하는 과정에서 양도소득세가 부과되었지만 이를 내지 않아 명단에 포함되었습니다.

최유정 변호사의 경우 재판을 청탁하는 명목으로 100억 원의 수임료를 받았다가 징역형을 확정받았는데, 종합소득세 등 68억7,000만 원의 세금을 내지 않았습니다.

고가의 미술품을 빼돌린 혐의로 기소된 서미갤러리 홍송원 씨도 법인세 등 20여 억 원을 체납해 명단에 올랐습니다.

2004년부터 2018년까지 명단이 공개된 누적 체납자는 총 5만2,000여 명에 달하는 것으로 알려졌습니다. 2018년에 체납자가 내지 않은 세금은 5조2,440억 원에 달합니다. 그중 개인이 내지 않은 최고액은 250억 원, 법인이 내지 않은 최고액은 299억 원이었습니다.

어떤 사람이 고액 세금을 안 내나?

국세청이 실명으로 공개한 명단을 살펴보면, 연령대로는 40 ~50대가 62.1%를 차지하여 가장 많다고 합니다. 지역별로는 서울·인천·경기 등 수도권이 60.4%로 가장 높은 비중을 나타냈고, 체납액 규모로 보면 2~5억 원 구간이 60.7%로 가장 많았습니다.

'38기동대'라는 별명으로 불리는 지방세 징수 부서가 서울특별시 소속의 부서라면, 국세청에서도 6개 지방 133명이 재산 추적 조사를 전담하고 있습니다. 이들이 2018년 10월까지 징수하거나 채권을 확보한 고액 상습 체납자의 세금 금액만 1조 7,015억 원에 달합니다.

38기동대의 가택수색 과정처럼 국세청의 체납자 재산 추적 팀도 고액 체납자의 재산을 징수하기 위해 갖은 저항과 위험을 무릅쓰고 있습니다. 체납자의 현관을 뜯고 주택 안으로 들어가 비밀 금고를 수색하면 수천만 원에서 수억 원에 달하는 현금 다발이나 골드바가 쏟아지기도 합니다. 옷장에 숨겨놓은 수표 다발이 발견되기도 합니다. 이렇게 수색해서 발견한 현금 등으로 수억 원의 체납액이 현장에서 징수되는 것입니다.

충분히 납부할 수 있음에도 불구하고 재산을 은닉하고 부와 권력을 유지하는 상습적인 장기 고액 체납자들. 추적조사를 강화함에도 불구하고 전 대통령과 법조인, 경제인에 이르기까지 다양한 분야의 사회지도층이 조세 질서를 흩트리고 있는 것입니다.

07

公 | 訴 | 時 | 效

공소시효의 속임수,
범죄자도 빠져 나간다

24억 탈세범, 공소시효 지나 처벌 못 해

〈한겨레〉 2018년 6월 7일 보도를 보면 공소시효의 빈틈과 범죄자들이 그 빈틈을 어떻게 이용하고 있는지 잘 알 수 있습니다. 수백억 원대 자금으로 사채업을 하던 민 아무개 씨는 2012년 4월 이자소득세 회계연도 2006~2009년 기준 24억 원을 탈루했다며 국세청으로부터 고발당했습니다.

두 번에 걸쳐 이 사건을 조사한 검찰은 민 씨를 기소하지 않았습니다. 2009년부터 2016년까지 두 번에 걸쳐 6년여 동안 해외에 머물렀는데, 이 기간 조사 한 번 받지 않은 상태에서 공소시효 5년2015년 5월이 훌쩍 지나버렸다고 본 것입니다. 그가 2016년 3월 밀입항을 하다 해경에 적발되었을 땐 이미 탈세혐의 공소시효가 지난 상태였던 셈입니다.

당시 조사과정에서 국내 체류 기간을 늘리려고 거짓 진술을 하다 들통 나 얼굴을 붉혔던 민 씨만 머쓱해진 상황이 되어버렸습니다. 불기소 사유도 석연치 않지만, 검찰이 이 사건 공소시효를 고무줄처럼 수차례 변경해온 것으로 확인되어 논란이 예상되었습니다.

해외에 몰래 나간 조세범에 검찰 '범죄 의식 없다' 결론

서울중앙지검 형사4부부장 한석리는 민 씨의 조세범 처벌법 위반 혐의가 검찰에서 '공소권 없음'으로 처분2016년 11월된 사건을 재수사해 달라고 지난해 8월 접수된 진정사건을 9개월여 만인 2018년 5월 29일 공람 종결했다고 밝혔습니다. 그러면서

"이 사건 공소시효를 기존 2016년 7월 20일에서 2015년 5월 31일로 정정한다"고 덧붙였습니다.

민씨는 2009년 5월부터 2011년 7월까지1차 출국 이어 2011년 10월부터 2016년 3월까지2차 출국 해외에 체류했는데, 앞선 수사에서 공소시효에 포함하지 않았던 1차 출국까지도 공소시효에 포함해 그만큼 만기 시기를 앞당긴 것입니다.

검찰 관계자는 "출국 당시 해당 사건으로 처벌받을 가능성을 인식했다고 보기 어려울 경우 처벌을 면할 목적으로 국외에 있었다고 볼 수 없다는 것이 대법원 판례"라고 설명했습니다. 조세범 처벌법은 친고죄로 국세청의 고발이 있어야 처벌이 가능한데, 민 씨의 1, 2차 출국이 모두 국세청 고발2012년 4월 이전에 이뤄져 그 기간 공소시효를 정지할 수 없다는 것입니다. 다만, 2011년 8월 국세청이 세무조사에 착수했으며 2013년 1월 검찰 조사과정에서 민 씨의 변호인이 선임된 사실이 있지만, 검찰은 이에 대해서도 "두 경우 모두 민 씨가 조사 사실을 알았다는 사실을 입증할 증거가 없다"고 설명했습니다.

공소시효 네 차례 변경돼

검찰은 민 씨 조세 사건 공소시효를 이뿐 아니라 모두 네 차례 변경했습니다. 검찰이 기본적인 공소시효 계산을 잘못했다고 스스로 인정한 셈입니다.

국세청 고발 때 2015년 5월①에서,

2013년 1월 민 씨 소재파악이 되지 않자 1차 출국 기간을 제외해 2016년 7월②로 변경한 뒤,

2016년 5월 민 씨가 밀항으로 해경에 구속되자 2차 출국 기간도 제외해 2020년 11월③로 바꿨다가,

2016년 8월 민 씨 밀항 사건에 대해 1심 법원이 "밀항 의도가 명백히 입증 안 되었다"고 언급하자 또 다시 2016년 7월④로 변경하며 불기소 처분했고, 이번 재조사로 다시 2015년 5월⑤로 다시금 변경했습니다.

문제는 공소시효가 늘었다 줄었다 하면서 수사 기회는 날아갔고, 24억 원이라는 거액의 세금을 가로챈 탈세범은 그 사이

조사 한 번 없이 자유의 몸이 되었다는 것입니다.

왜 위험 감수하며 몰래 입·출국했나?

'범인이 형사처분을 면할 목적으로 국외에 있는 경우 그 기간 동안 공소시효는 정지된다.' 형사소송법 253조 3항

민 씨의 불기소 처분을 단순한 검찰의 단순 착오나 '운 좋음'으로 넘기기에는 의심스러운 않은 대목이 많습니다. 2011년 10월 2차 출국 당시 민 씨는 자기 운전기사의 여권을 불법으로 위조해 수사기관에 적발될 위험까지 감수해 가며 해외로 빠져나갔습니다. 또 2016년 3월 중국 닝보항에서 경남 거제 고현항까지 몰래 밀입항을 할 때는 바지선에서 9일간 물탱크 격벽 통로에 숨어 준비한 생수만 마시며 버티기까지 했습니다.

특히 민씨는 밀항 건으로 부산지검에서 조사를 받으면서 2차 출국 시기를 조세 사건 공소시효2015년 5월를 조금 지난 시기인 "2015년 8월"이라고 주장했지만, 이후 여권 위조 사실이 드러

나면서 거짓말인 것이 들통나기도 했습니다.

민 씨는 또 여권 위조를 해가면서까지 밀출국한 이유에 대해서도 "채권자들에게 발각될 것이 두려워 더 이상은 한국에 있을 수 없고, 채권자들에게 탄로가 날 우려도 있고 해서 밀출국을 하게 되었다"고 했습니다. 또 한국으로의 밀입국 비용 5,000만 원도 "중국에 있는 '김상호'에게 빌렸다"고 하는 등 자신이 궁핍한 사정이었음을 호소했습니다. 조사과정에서 그는 출국 후 줄곧 중국에 머물렀고 "정말 거지 같이 살았다"고도 말했습니다.

그러나 이후 검찰이 제시한 통신 내역 등의 물증 앞에 인도네시아에서 한 현지 법인의 도움을 받아 체류했다는 사실을 인정했습니다. 사실 "밀항 비용까지 빌려야 했다"던 민 씨는 부산지검에서 진술할 당시 퇴직한 지 두 달밖에 안 된 검사장 출신 전관 변호사를 선임한 상태였습니다. 이후 지난해 서울중앙지검 조세 사건 조사과정에서도 역시 전관 변호사를 선임했습니다. 돈을 빌렸다는 '김상호'에 대해선 "연락처도 기억나지 않고, 찾을 수도 없을 것"이라는 등 납득하기 어려운 답변을 늘어

놓지만 당시 부산지검은 더 추궁하지 않았습니다. 그가 왜 밀항을 감행했는지 계속 의문이 남는 대목입니다.

이번 조세 사건 재조사 과정에서 민 씨는 '공소시효가 약간 지난 2015년 10월께 처남으로부터 조세 사건 수사를 받고 있다는 사실을 들어 알게 되었다' 는 취지로 진술했고, 역시 받아들여졌습니다.

해경·경찰 "민 씨, 공소시효 도과 목적으로 밀출입국 명백"

검찰 외에 민 씨 사건을 조사한 해경과 경찰이 모두 2차 출국을 '공소시효 도과 목적' 이라고 판단했습니다. 지난해 3월 18일 남해 해경청이 작성한 수사기록은 이렇습니다.

"2015년 7월 20일이 공소시효 만료 예정임. 피의자는 조세범처벌법 위반 혐의로 기소될 경우 중한 처벌형이 예상되자 공소시효 도과 시점까지 해외 밀출국을 감행한 것으로, 밀출국 사실을 자백할 경우 공소시효가 연장될 것을 우려, 밀출국과 관련된 일체의 진술을 거부하며 묵비권으로 일관하고 있는 것으로 추단됨."

당시 남해 해경청 관계자는 "민 씨가 계속 한국에 있었던 것으로 꾸미려 했던 정황을 포착해 이런 사실도 조서에 남겼다"고 말했습니다. 또 조세 사건을 맡았던 서울 수서서 관계자도 "기소가 가능하다고 봐서 검찰에 기소의견 송치했다"고 했습니다.

한 검찰 관계자는 "사건 기록 첫 장에 적어서 가장 중요하게 챙기는 게 공소시효"라면서 "공소시효가 왔다 갔다 하면서 수사가 적절하게 이뤄지지 못한 것으로 보인다"고 말했습니다. 부장검사 출신 한 변호사도 "검찰이 그간 각종 범죄에서 공소시효를 최대한 늘리려고 했던 것과 비교할 때 이번 사건에서 수사 의지가 약한 것 아니냐는 비판을 받을 만한 것 같다. 적극적으로 보고 재판에 넘겨봤어야 하는 거 아닌가 생각된다"고 지적했습니다.

08

公 | 訴 | 時 | 效

그들은 왜 세금도둑
잡기에 앞장섰나?

국회의원은 세금 제대로 쓰고 있는가?

정치인, 경제인, 재벌 일가가 저질러온 거액의 조세범죄의
중심에 공소시효가 있었다면 이 문제를 해결할 현실적인 대안
은 없을까요?

이와 관련해 국민의 살림을 담당하는 국회의원들의 '세금도
둑' 행태에 문제를 제기한 시민단체들도 있습니다. 시민단체인

'세금도둑 잡아라', '좋은예산센터', '투명사회를 위한 정보공개센터' 등은 국회가 예산을 제대로 쓰고 있는지에 대해 의혹을 제기하며, 부당하게 예산을 집행한 국회의원들을 검찰에 고발해 화제가 되기도 했습니다.

이들 단체는 지출 내용이 제대로 공개되지 않아 '눈먼 돈'으로 꼽히던 입법 및 정책 개발비약 86억 원, 정책자료 발간 및 발송비약 46억 원, 특정업무 경비약 179억 원에 대한 투명한 공개를 요구하며 국회를 상대로 정보공개청구와 행정소송을 진행하기도 했습니다.

실제로 이들은 탐사보도 전문매체 〈뉴스타파〉와 함께 입법·정책 개발비 유용 의혹을 제기했고, 그 결과 이은재 의원자유한국당, 1,167만 원, 백재현 의원더불어민주당, 3,000만 원, 황주홍 의원민주평화당, 1,200만 원, 강석진 의원자유한국당, 1,150만 원 등이 2018년 부적절하게 쓴 돈을 국회 사무처에 반납하게 하는 성과를 이끌기도 했습니다.

엉뚱한 곳에서 국민 세금이 줄줄 샌다

'세금도둑 잡아라'의 하승수 공동대표는 국민의 세금을 공정하고 투명하게 관리하고 사용해야 할 국회의원들이 '관행'이라는 이유로 세금을 낭비하거나 사용 출처를 교묘히 감추는 것에 대해 문제를 제기했습니다.

"의정활동을 잘하라고 지원해주는 세금인데 이를 제대로 쓰지도 않고, 쓸 역량도 안 된다고 의원 스스로 증명하는 것이다. 돈을 줘도 제대로 쓸 능력이 없다는 것이다"라는 것이 하 대표의 지적입니다.

시민단체 '세금도둑 잡아라'가 입법·정책 개발비의 지출 내용 공개를 거부하는 국회사무처를 상대로 정보공개를 요구하는 행정소송을 제기한 것은 지난 2017년 9월이었습니다. 1심에서 승소했다가 국회가 항소했으나 2심에서 결국 승소했습니다.

2심 승소 뒤, 하 대표는 2016년 6월부터 2017년 5월까지 국회의원 151명이 발주한 소규모 정책연구용역의 자료 338건을 열

람하다 수상한 내용을 발견했다고 합니다. 연구용역에는 전문가들이 참여해야 하는데 연구와 관련 없는 사람들이 연구용역을 수행했다고 기록되어 있었다는 것입니다.

확인 결과, 이은재·황주홍 의원은 보좌관의 지인에게 용역을 발주하고 되돌려 받는 방식으로 각각 1,220만 원과 600만 원을 챙겼고, 서청원 의원은 건설·토목회사 임직원에게 1,000만 원 상당의 북핵 위기 등에 관한 연구용역을, 강석진 의원은 허위서류를 꾸며 대학생에게 250만 원의 정책연구용역과 발제를, 보좌진의 배우자 등에게 850만 원 상당의 용역을 발주한 의혹이 있는 것으로 밝혀졌습니다.

'세금도둑 잡아라'는 2018년 10월 24일 해당 의원들을 검찰에 사기 혐의 등으로 고발했습니다.

'관행' 이라는 명목으로 '불법' 이 허용되다

대부분의 국회의원들은 이러한 개발비 명목으로 국민 세금을 손쉽게 쓰는 것을 '관행'으로 인식하고 있는 것이 현실입니다.

시민단체들은 "국민 세금을 들여 수행한 정책연구 용역 보고서와 정책자료집은 국민의 자산으로, 당연히 국민의 알 권리를 위해 공개해야 한다"며 2018년 10월 30일 국회 사무처에 비공개에 대한 이의신청서를 낸 바 있습니다.

변호사인 하승수 대표는 이밖에도 국회를 상대로 20대 국회 특수활동비, 업무추진비, 의장단·정보위원회 해외출장비, '김영란법' 부정청탁 및 금품 등 수수의 금지에 관한 법률 시행 이후 피감 기관의 해외출장 국회의원 명단 등을 공개하라는 소송도 진행했습니다.

앞서 2017년 11월 24일에는 홍준표 자유한국당 전 대표를 특활비 횡령 혐의로 고발하기도 했습니다. 하 대표가 홍 전 대표를 횡령으로 고발했던 이유는 국민의 혈세로 운영되는 국회가 한 해 80억 원 이상 사용하는 특수활동비의 사용 출처를 투명하게 밝히지 않고 있는 데 대해 문제를 제기하기 위함이었다고 합니다. 흔히 국회 특활비는 누가 어떻게 쓰는지를 알 수 없는 '검은 예산', '눈먼 돈'으로 불려왔습니다.

세금도둑은 끝까지 잡아야 한다

홍 전 대표의 경우 2015년 경남도지사 시절 성완종 리스트에 연루되면서 횡령 혐의가 시작된 것으로 알려져 있습니다.

홍 전 대표는 성 전 회장으로부터 불법 정치자금 1억 원을 받은 혐의를 해명하기 위해 2015년 5월 자신의 SNS에 "2008년 여당 원내대표를 할 때 국회 운영위원장을 겸했는데 매달 4,000~5,000만 원을 국회 대책비로 받아쓰다가 남은 돈을 집사람에게 생활비로 주곤 했다"고 말했다가, 이것이 논란이 되자 "아내에게 준 돈은 특활비가 아니고 특활비는 원내행정국, 정책위의장, 야당 원내대표 등에 일정액을 지급했다"고 말을 바꿨습니다. 그 후 당시 야당 원내대표가 받지 않았다고 반박하자 "기억 착오일 수 있다"고 해명한 바 있습니다.

당시 홍 전 대표의 특활비 횡령에 대한 고발장이 2015년 5월 14일 경남지역 시민단체로부터 접수되었지만, 당시 고발장을 접수한 창원지검은 '혐의 없음'을 이유로 '각하' 처분을 내렸습니다.

'관행'이 '핑계'가 되어서는 안 된다

하 대표가 홍준표 전 대표를 횡령 혐의로 고발할 당시 강조한 부분이 바로 '공소시효'였습니다. 그는 "홍 대표의 공소시효_{2018년 5월}가 얼마 남지 않았다"는 점을 강조하며 "검찰도 공소시효를 인지하고 있어 수사를 신속하게 해야 한다"고 지적했습니다.

"관행이라는 이름으로 불법이 합리화되어서는 안 된다"는 것, "국민 혈세인 예산이 투명하게 사용되고 출처가 밝혀져 국회부터 바로 서야 국가 전체의 공정성이 바로 설 것"이라는 것, 나아가 "잘못된 특권과 부패를 줄이고, 엉뚱한 데 쓰이는 예산을 바로잡는 것이 제대로 된 정당과 국회를 만드는 일"이라는 것이 하 대표를 비롯한 시민대표들의 주장입니다.

09

公 | 訴 | 時 | 效

독일 '탈세와의 전쟁'
선포 사례

2016년 4월 11일 〈헤럴드경제〉보도에 따르면 사상 최대 규모의 조세 회피 의혹을 폭로한 '파나마 페이퍼스'와 관련해 독일 재무장관이 탈세·돈세탁 등에 함께 맞서 싸우기 위한 국제 공조를 제안했다고 〈AFP통신〉 등이 보도했습니다.

볼프강 쇼이블레 독일 재무장관은 일간 〈디벨트〉와 〈한델스블라트〉, 〈공영 ARD 방송〉 등과의 인터뷰에서 역외 기업을 통한 조세 회피를 근절하기 위한 10개 방안의 하나로 국가 간의 정보 공유 등 공동 대응의 필요성을 역설했습니다.

쇼이블레 장관은 "각 국가 차원에서 역외 기업 명부를 만들어 이를 공유하고, 거부하는 국가에는 불이익을 줘야 한다"고 말했습니다. 이런 조세 관련 정보는 언론이나 비정부기구에도 공개해 누가 역외 기업을 소유하고 통제권을 행사하는지 분명히 알게 해야 한다고 덧붙였습니다.

그는 또 "조세범죄자들이 공소시효에 숨어서 도망치도록 놔두면 안 된다"면서 세금 관련 범죄행위에 대한 공소시효 폐지도 제안했습니다. 다만 역외 페이퍼컴퍼니 자체를 금지하는 것은 아니며, 전반적인 투명성을 높여 문제를 바로잡을 수 있다고 강조했습니다.

이와 관련, 〈한델스블라트〉는 유럽연합EU 차원에서 공동으로 조세 회피처 국가 '블랙리스트'를 만들고 있다고 전했습니다.

독일 외에 덴마크 금융감독원FSA도 역외 기업을 통한 조세 회피를 도운 주요 은행들에 대해 각국 금융감독 당국이 어떻게 대처해야 할지 유럽은행감독청EBA 차원에서 지침을 마련해달라고 요청했습니다.

예스페르 베르그 금융감독원장은 '파나마 페이퍼스'에 포함된 방대한 폭로 자료 가운데 어떤 은행의 활동까지 불법행위로 봐야 할지 명확하지 않다면서 이같이 말했습니다.

앞서 국제탐사보도언론인협회ICIJ는 '파나마 페이퍼스' 보도에서 HSBC와 UBS, 소시에테제네랄 같은 세계 유명 투자은행들이 역외 기업을 통해 고객의 조세 회피를 도왔다는 의혹을 보도했습니다.

스웨덴에서는 최대 은행인 노르데아 은행이 이와 관련해 금융감독원의 조사를 받았으며 노르웨이 DNB은행은 폭로 내용에 대해 은행장이 나서서 사과하기도 했습니다.

책임을 다하는 세상을 위해

언제부터 우리 사회는 '갑질' 이 만연한 사회가 되었을까요?

본래 '주종 관계' 가 아니라 역할 상의 '평등' 한 관계를 의미하는 '갑을 관계' 는 왜 우리 사회에서는 마치 '주인과 노예' 의 '주종 관계' 인 것처럼 잘못 정착하게 되었을까요?

우리 사회의 불공정과 사회 고위층의 부정부패에는 오랜 세월 제대로 청산되지 못한 해묵은 적폐가 자리하고 있음을 온 국민이 절감하고 있습니다. 그리고 이제는 이 적폐를 사회 곳곳에서 청산해야 할 때가 왔다는 것이 2019년 현재의 시대적인 화두입니다.

신뢰가 결여되고 불공정한 사회란 개인의 노력이 힘을 발휘하지 못하는 사회를 말합니다. 또한 과정이 무시되고 그 사람의 노력과 상관없는 세습된 부와 부정한 방법으로 탈취한 권력이 곧 실력이 되는 사회를 우리는 불공정한 사회라고 말할 것입니다.

이 적폐의 적나라한 모습을 우리 국민은 평생에 걸쳐 목격하고 있습니다. 어릴 때부터 겪는 교육제도에서, 취업시장과 사회생활에서, 공직사회에서, 무엇보다 정치권과 경제 분야에서 불공정과 불신과 부패를 발견하게 됩니다. 그리고 이미 잘못된 방법으로 부와 권력을 축적한 일부 계층이 법제도의 틈새를 이용하여 자손 대대로 이득을 취하는 현상을 보고도 손을 쓰지 못했습니다. 이제는 이 관행을 지속하게 만드는 모순된 제도들을 하나씩 개선해야 할 때입니다.

적폐 청산이란 하루아침에 이루어지기 어려운 거대한 산입니다. 그러나 국민이 늘 깨어 문제의식을 갖고 사회지도층이 책임의식을 갖는다면 얼마든지 첫걸음을 내디딜 수 있을 것입니다.

박준희의 관악정담
박준희 지음
216쪽 | 15,000원

김두관의 정정당당
김재윤 · 민병두 지음
260쪽 | 13,000원

정치적 상상력
맹진영 지음
248쪽 | 15,000원

거제의 부활
문상모 지음
240쪽 | 15,000원

내가 대통령이 되었다면
큰일 날 뻔했습니다
박찬종 지음 | 296쪽 | 13,000원

부엉이 바위를 가슴에 묻고
정재호 지음
280쪽 | 13,000원

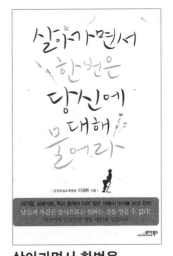

살아가면서 한번은
당신에 대해 물어라
이철휘 지음 | 256쪽 | 14,000원

쫄지마 정치
김두수 지음
216쪽 | 13,000원

앎

김선호 지음
208쪽 | 12,500원

살아 남는 자의 힘

이창우 지음
216쪽 | 13,000원

백년기업 성장의 비결

문승렬 · 장제훈 지음
268쪽 | 15,000원

4차 산업혁명의 패러다임

장성철 지음
246쪽 | 15,000원

당신이 생각한 마음까지도 담아 내겠습니다!!

책은 특별한 사람만이 쓰고 만들어 내는 것이 아닙니다.
원하는 책은 기획에서 원고 작성, 편집은 물론,
표지 디자인까지 전문가의 손길을 거쳐
완벽하게 만들어 드립니다.
마음 가득 책 한 권 만드는 일이 꿈이었다면
그 꿈에 과감히 도전하십시오!

업무에 필요한 성공적인 비즈니스 뿐만 아니라 성공적인 사업을 하기 위한
자기계발, 동기부여, 자서전적인 책까지도 함께 기획하여 만들어 드립니다.
함께 길을 만들어 성공적인 삶을 한 걸음 앞당기십시오!

도서출판 모아북스에서는 책 만드는 일에 대한 고민을 해결해 드립니다!

모아북스에서 책을 만들면 아주 좋은 점이란?

1. 전국 서점과 인터넷 서점을 동시에 직거래하기 때문에 책이 출간되자마자 온라인, 오프라인 상에 책이 동시에 배포되며 수십 년 노하우를 지닌 전문적인 영업마케팅 담당자에 의해 판매부수가 늘고 책이 판매되는 만큼의 저자에게 인세를 지급해 드립니다.

2. 책을 만드는 전문 출판사로 한 권의 책을 만들어도 부끄럽지 않게 최선을 다하며 전국 서점에 베스트셀러, 스테디셀러로 꾸준히 자리하는 책이 많은 출판사로 널리 알려져 있으며, 분야별 전문적인 시스템을 갖추고 있기 때문에 원하는 시간에 원하는 책을 한 치의 오차 없이 만들어 드립니다.

기업홍보용 도서, 개인회고록, 자서전, 정치에세이, 경제 · 경영 · 인문 · 건강도서

모아북스
MOABOOKS

문의 0505-627-9784

법 위에 사는 사람들

공소시효

초판 1쇄 인쇄 2019년 04월 10일
　　　1쇄 발행 2019년 04월 19일

지은이　　강해인
발행인　　이용길
발행처　　**모아북스**
　　　　　　MOABOOKS

관리　　　양성인
디자인　　이룸

출판등록번호　제 10-1857호
등록일자　　1999. 11. 15
등록된 곳　　경기도 고양시 일산동구 호수로(백석동) 358-25 동문타워 2차 519호
대표 전화　　0505-627-9784
팩스　　　031-902-5236
홈페이지　　www.moabooks.com
이메일　　　moabooks@hanmail.net
ISBN　　　979-11-5849-100-0　　13120

이 도서의 국립중앙도서관 출판예정도서목록(CIP)은 서지정보유통지원시스템 홈페이지(http://seoji.nl.go.kr)와 국가자료공동목록시스템(http://www.nl.go.kr/kolisnet)에서 이용하실 수 있습니다. (CIP제어번호 : CIP2019012522)

모아북스　는 독자 여러분의 다양한 원고를 기다리고 있습니다.
MOABOOKS
(보내실 곳 : moabooks@hanmail.net)